RN

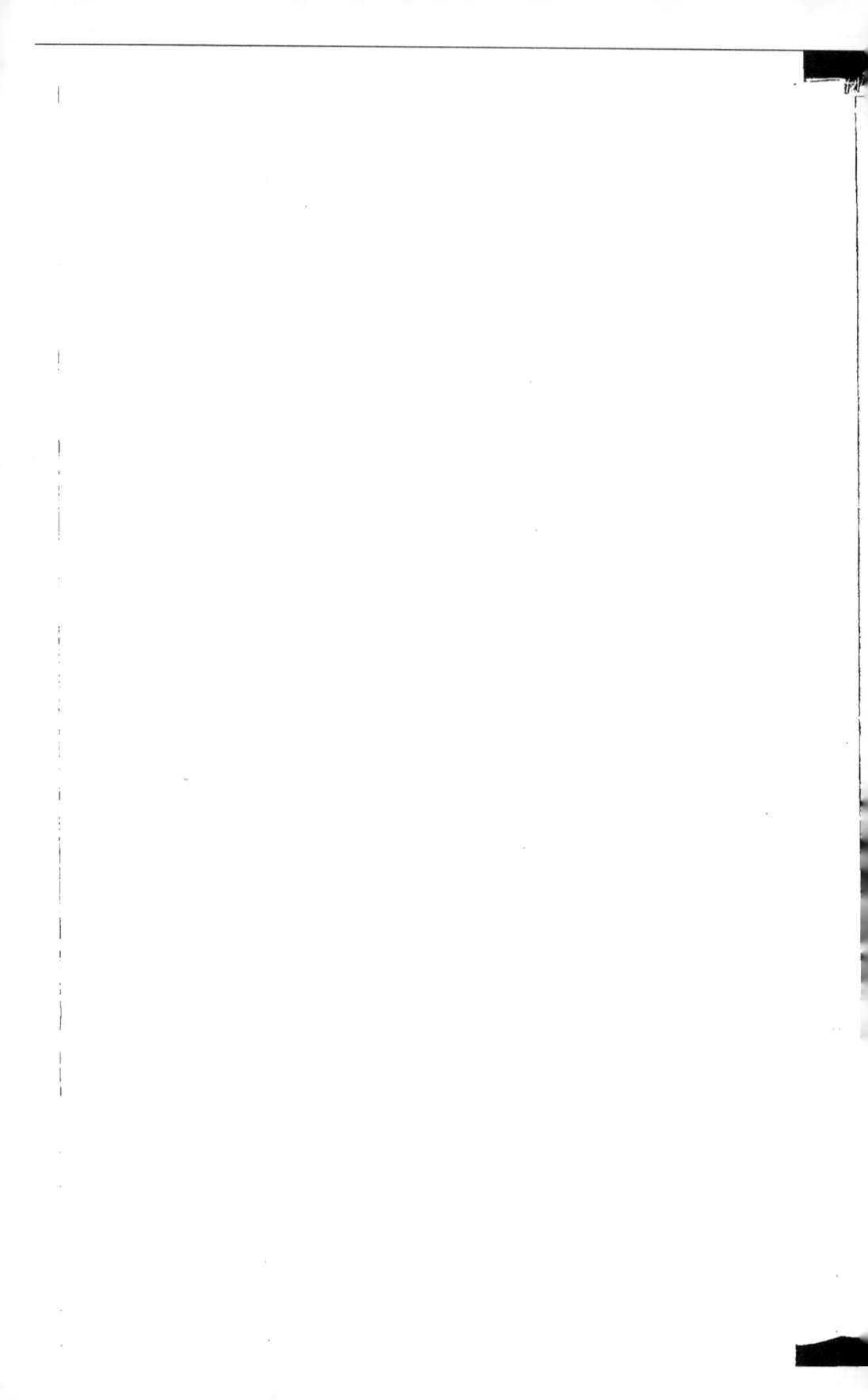

SOCIÉTÉ D'ANTHROPOLOGIE DE LYON

— Séance du 2 juillet 1887 —

LES
RACES HUMAINES
DE LA PERSE

PAR

FRÉDÉRIC HOUSSAY

LYON

IMPRIMERIE PITRAT AINÉ

4, RUE GENTIL, 4

—

1887

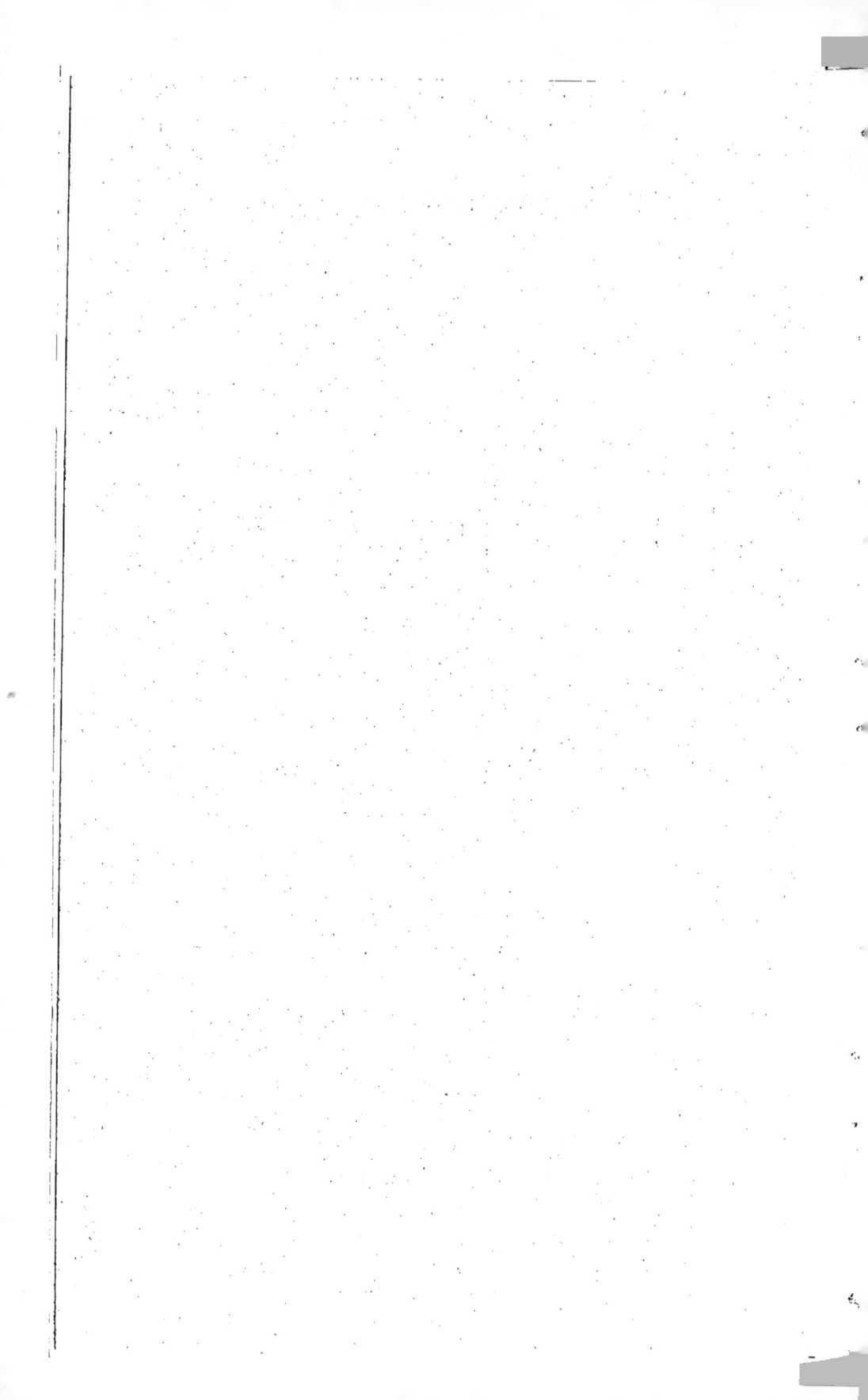

SOCIÉTÉ D'ANTHROPOLOGIE DE LYON

— Séance du 2 juillet 1887 —

LES

RACES HUMAINES

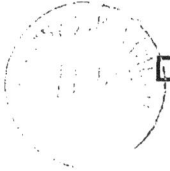

DE LA PERSE

PAR

FRÉDÉRIC HOUSSAY

LYON

IMPRIMERIE PITRAT AINÉ

4, RUE GENTIL, 4

—

1887

LES RACES HUMAINES

DE LA PERSE

INTRODUCTION

Les peuples de la Perse, qui ont joué dans le monde un rôle si considérable, sont très peu connus des anthropologistes. Malgré les soigneuses observations du commandant Duhousset, Khaninoff pouvait encore écrire, en terminant son mémoire sur l'*Ethnographie de la Perse* :

« Les points solidement acquis à la science paraissent comme des îlots dans cet océan de faits vagues et douteux. J'ai tâché de réunir dans cette partie tout ce que l'on sait de positif sur le caractère physique des peuples de race iranienne, et ce tableau, aussi complet qu'il m'a été possible de le faire, n'a d'autre mérite que d'indiquer les nombreuses lacunes que les voyageurs futurs auront à combler. »

En dépit de la modestie de l'auteur, le livre a d'autres mérites. Néanmoins, il faut bien reconnaître que nos connaissances à ce sujet non seulement manquent de précision, mais qu'elles sont, de plus, encombrées de capitales erreurs.

Je ne puis songer à résoudre entièrement le problème compliqué des races de la Perse actuelle ; je me considérerai comme satisfait si les renseignements nouveaux que j'apporte peuvent, en s'ajoutant à ceux de mes devanciers, jeter quelque lumière sur ce coin obscur de l'histoire naturelle de l'homme.

Les parties méridionales et occidentales de la Perse ont été peu visitées par les voyageurs. Leurs observations et les idées générales qu'ils en tirent s'appliquent surtout aux habitants du nord et de l'est du plateau de l'Iran. J'estime qu'il est plus fructueux de parcourir le pays du sud au nord.

J'ai observé les Persans pendant dix-huit mois consécutifs. A Suse, durant deux hivers, et dans l'été intermédiaire, sur la route de Suse à Chiraz et à Téhéran.

Malgré les difficultés considérables auxquelles on se heurte lorsqu'on veut opérer sur des musulmans, j'ai réussi à recueillir un certain nombre de mensurations, et j'ai surtout concentré mes efforts sur les races les moins connues : Bakhtyaris, Loris et Susiens.

Je demanderai d'abord à ne point employer le terme : *Iranien*, qui me semble le point de départ de confusions nombreuses. Pour les uns, il signifie habitant de l'Iran, c'est-à-dire *Persan*, et il n'a pas en anthropologie plus de sens que n'en aurait le mot *Français ;* il ne désigne point une race, mais plusieurs races ayant en commun un grand nombre de traditions religieuses et politiques.

Les autres opposent ce nom à celui de *Touranien*. Ce dernier a une certaine précision et représente des peuples divers, mais tous apparentés aux Mongols. Dans ce cas, Iranien désigne les Aryens de Perse, proches parents des Aryens de l'Inde et d'Europe. Il est tout aussi simple et beaucoup plus précis d'employer toujours cette dernière expression.

A la suite des confusions introduites par le mot d'Iranien ; c'est le terme Touranien seul qui est tombé en discrédit, sans motif. Nous le remplacerons par Mongolique auquel nous attribuerons le même sens.

Il convient de distinguer parmi les sujets persans plusieurs familles :

1º Lθs Aryens, représentés par les Farsis et Loris ;

2° Les Mongoliques, représentés par les Turcomans et Aderbeijanis ;

3° Les Mongolo-Aryens, représentés par les Arméniens,
Hadjemis, Tadjiks, Illiats ;

4° Les Mongolo-Sémites, représentés par les Bakhtyaris ;

5° Sémites, représentés par les Arabes, Séides et quelques
Juifs ;

6° Les Aryo-Négroïdes, représentés par les Susiens modernes.

Quant aux Guèbres, contrairement à l'opinion générale, il
n'y a pas lieu de les considérer comme les représentants purs
de la race antique. Ils forment dans l'État un groupe très isolé
par la religion, mais depuis l'invasion arabe seulement. Ils
appartiennent à toutes les races, surtout, à la vérité, aux Tadjiks et aux Hadjemis.

Ces hommes d'origines très diverses sont suffisamment loca-
lisés comme on peut s'en convaincre en jetant les yeux sur la
carte.

Jusqu'à ce jour, on a mesuré particuliculièrement les populations touraniennes et tourano-aryennes, et c'est sur ces bases
que l'on a établi le type dit Iranien.

Le commandant Duhousset[1] a publié en 1859 des mensurations précieuses pour la connaissance de l'homme de ces
contrées, et comme il ne s'est pas écarté des faits observés, son
livre demeure à l'abri de la critique avec la valeur qu'il a pré-
tendu lui donner.

Khanikoff[2], réunissant les documents précédents à ceux qu'il
apportait lui-même, a tenté de les interpréter plus largement
et de préciser les fusions qui se sont opérées sur ce sol pendant
de longs siècles.

Je ne puis, sur bien des points, adopter sa manière de voir.
C'est le sort commun à toutes les théories d'être ébranlées par

[1] Duhousset, *Les Populations de la Perse.*
[2] Khanikoff, *Ethnographie de la Perse.*

des faits nouveaux ; les hypothèses que j'émettrai moi-même sont peut être aussi destinées à faire place à d'autres. Néanmoins, il est bon de les produire, car, actuellement, elles servent à grouper les faits et, plus tard, avant de disparaître, ce sont des cadres pour les discussions nouvelles.

En s'appuyant sur l'étude du Vendidad et du poème de Ferdouzi, Khanikoff[1] conclut que « les fertiles vallées situées entre l'Hindo-Kouch, la chaîne de Poughman et du Kouh-i-Baba, de même que les plaines de Hérat, du Seistan et de Kirman ont été le théâtre de la première activité de la race iranienne. C'est un territoire où les Persans sont de vrais aborigènes et où, par conséquent, on peut espérer trouver le type primitif de la race. »

Je ne sais quelle autorité il convient d'attribuer à Ferdouzi pour ces questions et n'ai point qualité pour discuter les textes du Vendidad. J'admets que cette région fut occupée dans les temps légendaires par des tribus aryennes très pures, mais ce que je conteste, c'est que l'on puisse y retrouver aujourd hui le type primitif de la race.

En contact avec les hordes mongoliques, en lutte constante avec elles, les peuples du nord et de l'est de la Perse n'ont pas pu conserver intacts les caractères aryens. Ils ont été pénétrés et profondément modifiés par les Turcomans pendant la longue période qui va des temps les plus reculés au règne des derniers Sassanides. Ces *Tadjiks*, comme on les nomme, ne sauraient servir de point de départ pour une étude des habitants de la Perse. C'est une race métisse offrant les caractères des deux peuples qui ont contribué à la former.

Au reste, les faits justifient cette manière de voir, les crânes tadjiks mesurés par M. Ujfalvy portent bien la marque du type turcoman[2].

Khanikoff voit ses idées confirmées par la ressemblance qui

---

[1] Kanikoff, *loc. cit.*, p. 44.
[2] De Quatrefages et Hamy, *Crania ethnica*, p. 503.

existe entre les tribus de l'est de la Perse et les Guèbres, ado-
rateurs du feu. Ceux-ci, en effet, d'après lui, par le fait qu'ils
ont conservé, à travers les révolutions, l'antique religion maz-
déenne, ont dû aussi perpétuer sans mélange les traits des premiers ignicoles. Cet argument nouveau est, lui aussi, bien fra-
gile.

Lorsque, par droit de conquête, les Arabes imposérent aux
Persans une religion nouvelle, les mélanges tourano-aryens
étaient déjà en grande partie accomplis au nord et à l'est de
l'empire. Il n'y avait à ce moment aucune différence de race,
de mœurs ou de religion, entre les ancêtres des Persans mulsulmans et ceux des Guèbres actuels. Séparés aujourd'hui pas
leurs fois aussi sûrement que par de grands espaces, ils ne se
mélangent plus ; mais, issus des mêmes parents, n'ayant
pas été modifiés ni les uns ni les autres depuis cette époque,
on les retrouve aujourd'hui semblables dans la même région.
C'est trop naturel pour qu'il soit permis d'en rien conclure.

Le seul apport ethnique qui aurait pu s'introduire chez les
Mahométans de Perse et point chez les Guèbres serait l'élément
sémite, dû aux Arabes vainqueurs. Il n'en est point ainsi. Les
soldats de l'islam étaient assez fanatiques et assez vaillants
pour imposer leurs lois et leur Dieu ; ils n'étaient pas assez
nombreux pour modifier le peuple. Pratiquement, il est exact
de dire que cette invasion n'a pas laissé de traces en dehors
des familles des Séides. Le langage seul s'en est ressenti ; tous
les mots ayant trait à la religion ou au gouvernement sont
arabes.

Les Guèbres doivent d'autant moins être considérés comme
les descendants purs des Aryens qu'ils ressemblent à leurs
voisins mulsulmans et que, d'autre part, ils n'ont pas tous le
même type. Ceux de Yezd ont, d'après Khanikoff, des caractères aryens. Ce n'est pas parce qu'ils sont Guèbres, mais
parce qu'ils habitent un pays voisin du Fars. Ceux de Téhéran
ressemblent aux autres Téhéranis. Les Parsis de l'Inde, dont les
ancêtres préférèrent l'exil à la conversion, se rapprochent des

Farsis de Perse et diffèrent de leurs coreligionnaires du nord.
Depuis leur exode, ils ne se sont point mélangés aux peuples
qui les ont accueillis; ils sont tels qui étaient à cette époque.
Donc à la conquête arabe il n'y avait pas une race unique; la
distribution ethnique que l'on observe encore aujourd'hui exis-
tait déjà. Les Guèbres qui restèrent en Perse étaient des Tourano-Aryens, les émigrants partis surtout du midi du royaume
étaient Aryens.

Une précieuse observation [1] de M. E. Chantre nous permet
de constater les mélanges qui se passèrent dans le nord et d'en
suivre les progrès. Il s'agit des Ossèthes du Caucase. Les crânes,
un peu déformés par l'usage des bandelettes, dans le jeune âge,
ont un indice céphalique qui varie de 80 à 84. Ceux d'une nécropole datant du commencement du siècle donnent le nombre
80,50. Une autre nécropole du moyen âge renferme des crânes
sans aucune déformation et qui ont pour indice 82,75. Enfin
les plus anciens qu'il a recueillis dans une nécropole qui date
du premier âge du fer ont un indice de 76,48. Il faut donc les
rapprocher des crânes persans et afghans dont les indices sont
inférieurs à 78.

Ces différences pour une même race, dit l'auteur, montre
deux faits, « d'abord le développement de l'usage de la déformation artificielle, ensuite le mélange de cette race avec
les autres peuplades du Caucase, presque toutes brachycéphales ».

Sans nier l'influence de la déformation artificielle, la dernière
cause énoncée me paraît la prépondérante. C'est de la même
manière que s'est constituée la race dite iranienne de la Perse
orientale et septentrionale. Elle est devenue sous-brachycé-
phale par l'influence touranienne. Il faut remonter jusqu'aux
premiers âges du fer pour trouver dans ces contrées la race
aryenne pure, sous-dolichocéphale ou dolichocéphale. Actuel-

---

[1] E. Chantre, *Rapport sur une mission scientifique dans l'Asie occidentale (Archives des missions scientifiques et littéraires,* 1883); tirage
à part, p. 45.

lement elle n'a plus de représentants que dans les montagnes du Fars et du Louristan.

Ces considérations deviendront plus précises lorsque nous aurons passé en revue les différentes populations de l'empire persan. J'ai cru cependant devoir y insister parce que les idées de Khanikoff sont devenues classiques et ont été reproduites par tous les géographes qui traitent de l'Asie centrale.

I

ARYENS

1° FARSIS

Depuis Sourmeck au nord jusqu'à la frontière méridionale de la Perse, et du golfe Persique jusqu'à Yezd à l'ouest se trouve le pays occupé par les Farsis. Par leur costume et leurs traits ils se séparent nettement des Persans du nord. Arrivé à Meched-y-Maurghâb le voyageur se trouve au milieu d'une autre race qui se distingue surtout par la nuance plus claire des cheveux [1]. Leur taille est plus élancée; le rapport de longueur entre les jambes et le torse est plus harmonieux ; les yeux sont ovales et largement fendus. Coiffés de la haute mitre de feutre souple, avec leur barbe très longue et très fournie, leur allure à la fois élégante et vigoureuse, ils sont comparables aux plus beaux représentants du rameau européen de la race. Ils ont la peau très blanche dans les parties recouvertes par les vêtements, facilement mordue par le hâle sur la figure et les mains. Les cheveux et la barbe sont plus souvent châtains que noirs. On trouve même quelques blonds aux yeux bleus. Ils ont le milieu de la tête rasée du front à l'occiput; mais l'abondante chevelure qui croît sur les côtés retombe sur le cou en épaisses boucles. Les Perses qui ont servi

[1] Mᵐᵉ Jane Dieulafoy, *La Perse, la Chaldée et la Susiane*, p. 391.

de modèles aux sculpteurs de Persépolis étaient leurs ancêtres directs. C'est exactement le même type, à peu près le même costume.

Khanikoff avait été frappé de la mâle beauté des habitants du Fars; en essayant de tracer la limite occidentale de la zone occupée par les Tadjiks, il écrit : En s'avançant vers l'ouest « à Yezd et à Kirman on commence déjà à apercevoir l'influence du type de la Perse occidentale sur l'extérieur des habitants : les tailles sveltes, les yeux taillés en amande, les nez proéminents et aquilins, l'ovale allongé du visage s'y trouvent en majorité [1]».

On s'attendrait après cette énumération de traits aryens voir l'auteur conclure que les Tadjiks qui présentent ces caractères à un moindre degré que les Farsis sont moins purs qu'eux. Il n'en est rien, Khanikoff préfère admettre que ceux-ci ont varié. « En examinant les sculptures des anciens monuments persans, nous avons eu, dit-il, l'occasion de remarquer que, sous les Achéménides, une certaine partie de la population de l'empire de Cyrus *avait acquis* les traits principaux qui caractérisent maintenant les habitants de la Perse occidentale [2]. »

Le Fars, avec sa succession de plateaux séparés par des rampes escarpées, avec ses défilés sauvages, ses torrents qui coupent au printemps tous les passages, était par la nature de son sol une de ces régions d'où l'on ne peut expulser une race et où elle se maintient pure indéfiniment. Sans doute le pays a bien été parcouru par des armées conquérantes comme celles d'Alexandre et de Tamerlan ; mais ces hordes qui passent n'ont d'autre effet que de changer une dynastie sans modifier les caractères du peuple. Tout autre était la condition des Aryens à la frontière du Touran. Les cavaliers mongols qui les envahissaient étaient suivis de leur tribu, femmes, enfants et troupeaux. Ils occupaient le pays en cas de victoire et peu à peu se mélangeaient à la race primitive.

[1] Khanikoff, *loc. cit.*, p. 107.
[2] Khanikoff, *loc. cit.*, p. 118.

2° LORIS

De même que les Farsis sont les fils des Perses, les Loris semblent être les descendants des Aryens de Médie. Cette contrée possédait dès les temps historiques deux éléments ethniques différents. Occupée par les Aryens d'abord, selon la précieuse donnée d'Hérodote [1], elle fut envahie par les Mèdes d'origine touranienne. Le trône appartint à des princes de cette race ; le peuple demeura aryen [2]. Il est resté encore aujourd'hui sans mélange dans la montagne où ne se sont pas aventurés les cavaliers turcomans.

Le pays des Loris, le Louristan, s'étend de l'est à l'ouest depuis Hamadan, l'antique Ecbatane, jusqu'aux environs de Suse. Leurs voisins du sud-est sont les Bakhtyaris. Au nord et au nord-ouest, ils confinent aux Aderbeijanis et aux Kurdes. Leur nom signifie *montagnard*, et de fait ils habitent une partie des plateaux étagés qui descendent de l'Iran à la Susiane. Ils sont nomades et vivent par grands campements que gouvernent des khans riches et puissants. Ils sont assez pillards et très redoutés des Susiens, qui, à la vérité, craignent tous leurs voisins. Ils sont presque toujours vêtus de noir. Ils portent le large pantalon de coton tombant jusqu'aux pieds ; la tunique croisée sur la poitrine et serrée à la taille. Leur coiffure se compose d'une *kollah*, demi-sphère de feutre dur, autour de laquelle ils enroulent assez souvent une bande d'étoffe en forme de turban.

On les distingue assez rapidement des Farsis. Leur taille est généralement plus haute ; ils sont fort robustes. La barbe et les cheveux sont abondants et extrêmement noirs ; ils ne se rasent que le frontal ; la peau est aussi moins blanche. On rencontre peu de blonds ; mais il y a parmi eux un certain nombre d'individus qui offrent ce contraste d'une barbe et d'une chevelure noires avec des yeux très bleus.

[1] Oppert, *Le Peuple et la Langue des Mèdes.*
[2] Oppert, *loc. cit.*

Le tableau ci-contre [1] renferme les mensurations effectuées sur cinq hommes adultes de cette race.

D'après les chiffres de ce tableau, l'indice céphalique des Loris serait 73,57. Si maintenant avec les données du commandant Duhousset nous calculons l'indice des populations aryennes de ces contrées, nous trouvons pour les Afghans 76,19 et pour les Hindous 74,48. Ces indices sont peut-être un peu forts ; néanmoins, ils s'écartent peu de celui des Loris. Et si on prend les nombres donnés par M. de Quatrefages [2] d'après les mensurations d'autres petites séries

Hindous. 72,28
Afghans. 73,15

on les trouve presque identiques à celui que je donne, 73,57. Tous ces peuples dolichocéphales sont parents. Ces nombres sont très comparables entre eux ; tandis qu'ils s'écartent nettement de 84,61, qui représente l'indice des habitants de l'intérieur de la Perse, et de 82,31, donné par Ufvaljy pour les Tadjiks.

Ces derniers, au contraire, se rapprochent beaucoup de l'indice des races mongoliques.

Mongols. 85,4
Tchoudis. 84
Kalmouks . . . . . 83,8, etc.

Il y a donc lieu, comme je le faisais au début, de distinguer très catégoriquement parmi les Persans quels sont les purs Aryens et quels sont ceux qui ont subi des modifications touraniennes.

---

[1] Tous les nombres de ce tableau sont exprimés en centimètres ; quant aux indices, qui sont de simples rapports, il n'y a pas lieu de se préoccuper de l'unité choisie.

[2] De Quatrefages et Hamy, *loc. cit.*, p. 504 et 514.

INDICATION DES MESURES	I	II	III	IV	V	MOYENNE
Taille debout..	175	170	167	157	171	168
— menton.	151	147	143	137	145	144,6
— épaule.	145	144	138	129	137	138,6
— hanche	99	88	88	82	90	89,4
— ombilic.	107	105	103	93	101	101,8
— mollet.	35	33	31	31	31	32,2
Diamètre ant.-postérieur de la tête.	19	19	19,7	20	18,8	19,3
— transverse.	14	15	14,7	14	13,5	14,2
— frontal minimum.	6	5,6	5,2	5,5	6,1	5,7
— biauriculaire.	17	15	15	15,2	14,4	15,3
— bizygomatique.	12	9,7	10,8	11,5	10	10,6
— angulaire de la mâchoire. .	13	12,1	12,5	12	12	12,3
— des épaules.	38	40	34	31	35	35,6
— bassin.	30	32	30	33	33	32,2
— hanches.	30	34	32	35	37	33,6
— seins.	20	20	22,5	20,2	20	20,5
Circonférence de la tête.. . . .	55	57	57	58	55,5	56,5
— épaules.	100	107	108	103	104	104,4
— seins.	87	93,5	90	88	88,5	89,4
— taille.	75	82	78	75	77	77,4
— hanche..	88	94	92	87	91	88,4
— bras (biceps).	28	25	25	23	26	25,4
— avant-bras.	25	25,5	26	25	26	25,5
— cuisse.	51	49	49	48	49	49,2
— mollet.	35	36	34	33	36	34,8
Longueur du bras (totale). . . .	71	74	72	66	74	71,4
— avant-bras.	25	28	25	24	25	25,4
— main.	20	18	19	17,5	18	18,5
— grande envergure. . .	166	178	170	160	176	170
— cuisse.	47	40	43	36	39	41
— jambe.	44	40	42	38	40	40,8
— pied.	25	27	25	24,5	26	25,5
— post-malléolaire I. . .	6	6	5	5,5	6	5,7
— — II. . .	7	6,5	6	6,5	7	6,6
— nez.	5,5	5,5	6,3	5,4	6	5,7
Largeur du nez.	4	3,6	3,5	4	4	3,8
— biorbitaire externe. . .	10,5	11,2	11	10,9	11	10,9
— interorbitaire.	2,8	3,4	3,2	3,6	3	3,2
— bouche.	4	4,8	5,2	5,1	5,5	4,9

L'indice nasal de ce peuple est 66,66. Ce chiffre est fort élevé si on le compare à celui des Hindous. C'est que ceux-ci ont un nez extrêmement fin, tandis que les Loris, tout en ayant le nez long et droit, l'ont assez gros ; cependant, absolument rien dans sa forme n'indique un apport mongol ou négroïde, au contraire.

L'indice fronto-jugal est faible, 53,77, tandis que celui des Hindous est 74,22 ; cet écart est dû à ce que le diamètre bizygomatique étant sensiblement égal chez les deux peuples, les Loris ont un diamètre frontal minimum très faible. Leur front est étroit et élevé. Ce caractère a trop peu d'importance pour constituer une différence entre deux races que rapprochent les indices céphaliques et l'ensemble de tous leurs traits.

Les Loris sont très vigoureux, et leur allure accuse plus de force que la souple élégance des Hindous. Leurs membres sont bien développés et les nombres 25,4 et 25,5 qui expriment la circonférence du bras et de l'avant-bras sont très élevés, ainsi que 50 et 35 qui sont les circonférences de la cuisse et du mollet.

Ajoutons encore que les dents sont verticales, petites et très rapprochées, la mâchoire est orthognathe. La hanche et l'ombilic sont presque au même niveau. Le mamelon du sein est entouré d'une petite zone brune qui manque chez les Susiens modernes.

Je n'insiste pas sur les mensurations de détail. Elles ne sauraient avoir d'intérêt que si on les compare à celles des autres peuples. C'est ce que je me propose de faire un peu plus loin.

II

MONGOLIQUES

Tout au nord de la Perse, au sud de la mer Caspienne se trouvent les tribus turcomanes pures du Mazenderan et du

Ghilan. Elles imprègnent très fortement les populations depuis
Téhéran jusqu'à Koum. Dans cette région même, on ne parle
point le persan. La langue du peuple est le turc. De Koum
jusqu'au delà d'Ispahan, vers Abadeh, s'étend l'Irak Hadjemi
habité par des populations métisses de Turcomans et d'Aryens
médo-perses. Ils se nomment eux-mêmes Hadjemis ; nous pou-
vons les désigner par ce nom.

Les Turcomans de Perse ont été étudiés par le commandant
Duhousset. Khanikoff leur attribue pour indice 82. Les nombres donnés par Duhousset pour deux Goklans conduisent à
l'indice céphalique 81,45, et pour quatre Mazenderanis, on
obtiendrait 86,31, chiffre élevé, expression de brachycéphalie
qui n'est dépassée dans ces contrées que par les crânes bakhtyaris.

Cet indice céphalique si éloigné de celui des Loris, Farsis,
Hindous et Afghans, nous permettra aisément de reconnaître les
peuples mélangés de Turcomans, car c'est le caractère que cette
race mongole impose surtout.

Au contraire, elle perd assez facilement ses caractères
secondaires (nez épaté, jambes arquées et courtes, buste long et
fort) pour se rapprocher des proportions plus harmonieuses de
la race aryenne. Elle s'améliore rapidement au contact de
celle-ci. Khanikoff signale ce fait pour différentes régions, et
nous aurons occasion de le relever plusieurs fois à propos des
autres Persans.

III

MONGOLO-ARYENS

1° HADJEMIS

Ces métis forment la plus grande partie des populations
de la Perse. Ils s'étendent depuis Téhéran au nord jusque
vers Dehbid dans le sud. De l'est à l'ouest, ils vont du Kho-

rassan au Louristan. Ils habitent donc la région des hauts plateaux, et la fusion qui n'a pas pu s'opérer dans les pays de montagne où Loris et Farsis ont conservé leurs types, s'est ici effectuée d'une façon complète, au point de donner une race bien nette. Les villes de Téhéran, d'Ispahan, de Koum, de Koumichah, etc., leur appartiennent; peuples industrieux, au reste, ils tirent bon parti du sol ingrat qu'ils habitent. Leurs jardins fruitiers, leurs cultures de coton, de tabac, de riz, de blé, sont fort soignés. C'est actuellement la partie riche de la Perse.

D'ailleurs, on peut trouver des Hadjemis en tous les points

Fig. 1.

Hadjemis. — Photographie de la Mission.

du royaume. Presque tous les soldats sont recrutés dans l'Irak et dans le Mazenderan, les gouverneurs des provinces et leurs nombreuses suites en viennent ; c'est cette race qui domine le pays tout entier (fig. 1).

En parcourant la Perse on est très frappé de la différence de type qui se présente chez les habitants dès qu'on a quitté le

Fars et qui va s'accentuant de plus en plus à mesure que l'on s'avance au nord. L'Ispahani offre à peu près les caractères moyens.

L'allure des gens du peuple n'a plus la majesté un peu théâtrale que l'on observe dans le sud. Le costume est plus étriqué ; le grand pantalon qui tombait à larges plis jusqu'aux pieds devient moins long et plus étroit ; par-dessus la chemise persane fendue sur le côté et à manches démesurées, une courte tunique serrée à la taille et qui ne dépasse pas le milieu des cuisses complète le costume. Pour coiffure, ils ont la *kollah* demi-sphérique en feutre dur.

Quant aux riches et aux fonctionnaires de Téhéran, ils ont le mauvais goût de copier nos modes et adoptent en partie le costume européen : pantalon étroit, gilet et tunique bien voisine de notre redingote ; quelques-uns, pour compléter, ajoutent un binocle. Ils n'ont plus de persan qu'une kollah assez particulière, sorte de tronc de cône de feutre ou d'astrakan, intermédiaire entre la mitre du Fars et le haut bonnet pointu que l'on attribue encore au Persan, bien que, aujourd'hui, il n'en existe plus un seul dans le pays.

L'indice céphalique, calculé d'après les nombres de Duhousset, serait 84,61 dans l'intérieur de la Perse, et 81,54 d'après deux mensurations de Téhéranis ; les Hadjemis ont donc le caractère de brachycépalie commun avec les Turcomans du nord.

A Koum, on remarque très bien chez nombre d'habitants l'aplatissement vertical du frontal.

Les traits sont assez fins. Les cheveux lisses et gros sont touraniens ainsi que la barbe qu'ils ne portent jamais entière, mais taillée aux ciseaux ou rasée à l'exception de la moustache. Le nez n'est pas long et gros comme chez les Loris, ni légèrement aquilin comme dans le Fars ; il n'est pas non plus écrasé et court comme celui du Mongol. Sa forme est intermédiaire, il est petit et de dessin très pur.

Tous les caractères du corps, stature, proportions des mem-

2

bres sont comme une moyenne entre les deux races aryennes et touraniennes.

Au reste, dans le sud, le type aryen l'emporte, dans le nord le type turcoman.

Le tableau de la page suivante contient les mensurations de deux individus de Borugdjerd, c'est-à-dire de la région frontière de l'Irak et du Louristan.

J'ai donné la moyenne de ces mensurations, bien que cela n'offre par d'intérêt ; ce n'est pas avec deux sujets que l'on peut espérer obtenir un résultat. Il est plus profitable de les examiner l'un après l'autre successivement. Habitant la partie de l'Irak qui confine au Louristan, il faut s'attendre à trouver chez eux une persistance du type aryen ; les caractères touraniens, au contraire, et, en particulier, la brachycéphalie, seront moins marqués que dans le nord.

INDICES	TURCOMANS	HADJEMIS		LORIS
		I	II	
Céphalique.	82	77,77	73,68	73,57
Fronto-jugal	70	81,81	65,21	53,77

Le premier des deux sujets mesurés offrait tout à fait l'aspect de l'Hadjemi ; ses mensurations ont presque la valeur d'une moyenne.

Ainsi qu'on le voit en jetant les yeux sur le tableau précédent, son indice céphalique 77,77 est intermédiaire entre celui des Loris et des Turcomans.

De prime abord, on est étonné du nombre élevé 81,81 qui représente son indice fronto-jugal. Il est plus fort que les indices des deux peuples primitifs, loin d'être une moyenne entre eux. En recherchant les causes de cette apparente anoma-

INDICATIONS DES MESURES	I	II	MOYENNE
Taille debout	156	167	161,5
— menton.	131	146	138,5
— épaule.	125	140	132,5
— hanche.	90	99	94,5
— ombilic.	95	103	99
— mollet.	35	28	31,5
Diamètre antéro-postérieur de la tête. .	18	19	18,5
— transverse.	14	14	14
— frontal minimum.	9	6	7,5
— biauriculaire.	15	14,3	14,65
— bizygomatique.	11	9,2	10,1
— angulaire de la mâchoire. . .	11	10,9	10,95
— épaules.	38	35	36,5
— bassin.	35	30	32,5
— hanches.	37	36	36,5
— seins.	»	20,7	»
Circonférence de la tête.	55	54,6	54,8
— épaules.	95	100	97,5
— seins.	80	85	82,5
— taille.	68	73	70,5
— hanches.	80	84	82
— bras.	24	23	23,5
— avant-bras.	22,5	24,5	23,5
— cuisse.	44	44	44
— mollet.	32	34	33
Longueur du bras (totale)	69	71	70
— avant-bras.	23	25	24
— main.	20	18	19
— grande envergure. . . .	170	170	170
— de cuisse.	45	44	44,5
— jambe.	36	37	36,5
— pied.	23	24,5	23,75
— post-maléolaire. . . .	7	5-5,5	5-6,25
— nez.	5,7	5,9	5,8
Largeur du nez.	3,7	3,9	3,8
— biorbitaire externe.	9,5	10	9,75
— interorbitaire.	3	2,8	2,9
— bouche.	5	5,3	5,15

lie, on y voit une éclatante confirmation du fait que je signalais
plus loin, à savoir : Les Mongols imposent d'abord leurs caractères craniens et perdent par le mélange les caractères fa-
ciaux, saillie des pommettes, écrasement du nez, etc.

Chez notre Hadjemi, le diamètre frontal minimum s'est accru
et est égal à 9. Le diamètre bizygomatique n'a pas crû propor-
tionnellement et est resté égal à 11.

D'où il suit que l'indice fronto-jugal $100 \times \frac{9}{11}$ est devenu
beaucoup plus fort.

Le sujet n° II, quoique de sang mêlé, présente surtout des ca-
raractères loris; son indice céphalique est le même. L'indice
fronto-jugal 65,20 est plus élevé, mais ce fait n'indique pas un
trait touranien, au contraire; car le rapport se trouve plus
élevé, non pas par accroissement du numérateur (diamètre
frontal), mais par réduction du dénominateur (diamètre bizygomatique).

Il faut toujours comparer entre eux ces indices avec beaucoup de prudence, et, si on observe une différence il faut en
rechercher la cause dans les données primitives, cet examen
scrupuleux pouvant conduire à des conclusions diamétralement
opposées à celles que donnerait une comparaison brutale.

Nous commençons à voir d'une façon plus précise la distribution des races sur les plateaux. D'abord trois massifs com-
pacts de peuplades pures, les Turcomans au nord, les Loris et
Farsis à l'est et au sud. Entre les trois une population mélan-
gée offrant au centre du pays qu'elle occupe (vers Ispahan)
des caractères moyens. Elle est d'ailleurs influencée sur les
confins de son territoire par le voisinage des races pures, tou-
ranisée au nord, aryanisée au sud et à l'est.

2° TADJIKS

Ce nom, que je n'ai jamais entendu dans la Perse méridionale et occidentale, désigne les populations de la frontière
orientale de l'Iran. La zone qu'ils habitent part du Khorassan
au nord et pénètre au sud entre l'Afghanistan et le Fars.

Je ne crois pas qu'il faille séparer, au point de vue ethnographique, les Tadjiks des Hadjemis. C'est la même race produite par le mélange des mêmes éléments. Comme pour les Hadjemis, elle est plus touranienne au nord, ainsi que le montre l'indice 82,31 donné par Ufvaljy pour les habitants d'Issikoul ou d'Aphrosiab. Elle est au contraire plus aryenne dans le sud, ainsi que cela ressort des nombres indiqués par Khanikoff pour les populations de Yezd et de Kirman.

3° ILLIATS

D'après Polak, c'est le nom qui s'applique à tous les nomades de Perse. Dire « Je suis Illiat », équivaut d'après lui à dire « Je suis nomade[1] ». C'est vrai si on borne la Perse aux hauts plateaux. Mais jamais un Lori, un Bakhtyari ou un Arabe ne s'avisera de se dire Illiat.

Les Illiats, au reste, n'appartiennent point à une seule race. En été, on les rencontre par petits campements de deux à trois tentes. Très misérables, ces petites tribus possèdent quelques moutons et deux ou trois bœufs. Pendant l'été ils marchent jusque vers Ispahan, en hiver ils se replient dans le sud et descendent dans les parties basses du Fars, vers le golfe Persique.

Les uns sont turcs, les autres sont arabes. Nous avons un jour rencontré près de Chiraz une de ces tribus. Celle-ci parraissait au contraire fort riche. Tout son matériel de campement et de transport était en bon état. De nombreux chameaux étaient chargés de superbes tapis; hommes et femmes étaient bien montés. J'estime à plus de deux mille le nombre des gens de cette tribu. Ils étaient, autant que j'ai pu m'en rendre compte, d'origine arabe, mais fortement mélangés de Farsis. L'hiver approchait, et ils se dirigeaient à petites journées vers Bender–Abbas.

[1] Polak, *Persien und seine Bewohner.*

4° ARMÉNIENS

On place généralement les Arméniens dans le groupe iranien, toujours en vertu de la même confusion qui fait réunir plusieurs peuples très différents de race. J'ai observé à Djoulfa, près d'Ispahan, les descendants des Arméniens de Djoulfa sur l'Araxe que chah Abbas Ier transporta en 1605 au centre de son empire. Depuis cette époque, ils ne se sont point mélangés aux Ispahanis, leurs voisins de l'autre côté du Zende-Roud. Je n'ai pas recueilli de mesures céphalométriques et ne puis que retracer l'impression générale.

Ils m'ont semblé beaucoup plus touraniens encore que les Hadjemis. Le crâne est plus court, les pommettes plus saillantes; le buste est fort et trapu; la taille n'est point marquée, même chez les femmes. Les deux côtés du thorax tombent droit sur la hanche, ce qui contribue à donner aux Arméniens une allure lourde et peu élégante. Le nez est gros et court en général. Toutes ces indications concordent parfaitement avec leur indice céphalique qui, d'après M. Chantre[1], oscille entre 84 et 86. Ils sont donc tout aussi brachycéphales que les purs Turcomans.

Je sais bien que ceci ne s'accorde point avec la linguistique qui rapproche les Arméniens des Aryens. Mais à mon sens, on ne doit pas, pour la classification, hésiter entre une donnée physiologique comme le langage et une donnée morphologique. Il est très facile à un peuple d'abandonner sa langue primitive pour adopter celle d'un voisin ou d'un vainqueur. Il lui est impossible de changer son indice céphalique et ses traits. Il faut alors reconnaître que l'Arménien a du sang touranien sinon tout à fait pur, du moins dans une très forte proportion.

---

[1] Chantre, *loc. cit.*

IV

MONGOLO-SÉMITES

BAKHTYARIS

Ces tribus presque indépendantes, habitent la montagne entre les Loris et les Farsis. Les renseignements que l'on possède sur leur craniologie sont peu nombreux, et de plus je crains qu'on n'ait pas assez distingué entre elles les différentes tribus.

Le commandant Duhousset suppose que les Bakhtyaris sont le résultat de la fusion des Scythes touraniens avec les Sémites de Babel-Assour, et il étend cette hypothèse à tous les Bakhtyaris. Il les caractérise surtout, outre leur brachycéphalie, par la forme de l'occiput qui tombe verticalement dans le prolongement du cou.

« J'ai constaté, dit-il [1], cette forme générale du crâne des Bakhtyaris sur ceux qui composaient un régiment entier au camp de Sultanieh où vingt mille hommes étaient réunis sous mon commandement en 1859. »

Cet aplatissement est sans doute dû à une déformation artificielle produite dans le jeune âge, je n'ai pas pu m'en rendre compte. Quoi qu'il en soit, l'auteur la considère comme typique et dit qu' « aucune des grandes souches de l'Asie centrale n'offre une pareille conformation ». Cependant il suffit de comparer les croquis qu'il donne pour les Bakhtyaris, les Turcomans et les Aderbeïjanis pour reconnaître que les derniers la possèdent presque autant que les premiers. Ce serait donc plutôt un caractère mongol; comme au reste tout ce qui est déformation artificielle en Asie centrale et en Syrie.

Khanikoff admet un élément de plus dans la constitution de la race bakhtyari. La tête, suivant lui, marque trois empreintes

[1] Duhousset, *loc. cit.*. p. 24.

différentes. Le diamètre longitudinal leur viendrait des Persans, le transverse des Turcs et le vertical des Arabes. Cette hypothèse apprend peu de choses.

Il est, je crois, difficile d'arriver à la vérité si on persiste à prendre toujours les Bakhtyaris en masse et à faire des moyennes.

Layard, était mieux inspiré en montrant que les diverses tribus n'avaient point la même origine. Pour lui les *Bindounis* sont les aborigènes, mélangés de Syriens, sémites à ce qu'il pense.

Les *Dinarounis* vinrent d'Ispahan à Malamir vers 1830. Les *Gondouzlous* sont des Turcs Afchars et les *Janikis* qui habitent entre Malamir et Ram Hormuz sont aussi des Turcs.

En réalité le pays doit contenir encore d'autres éléments ; mais c'est une première approximation. La montagne, refuge obligé de toutes les tribus en fuite, a été le théâtre des nombreuses fusions aryennes, touraniennes et sémites. L'élément touranien paraît en certains points prépondérant, en d'autres il s'efface.

Nous avons résidé douze jours au milieu des tribus bakhtyaris ; mais le peu de confiance que nous inspirions, le mauvais accueil qu'on nous réservait et les querelles qui éclataient chaque jour ne me permirent pas de prendre autant de mesures que j'aurais voulu.

A Meidowid une tribu de Janikis se montra un peu moins farouche, j'en profitai immédiatement, et les chiffres que j'obtins sont réunis dans le tableau ci-contre.

Ces chiffres, je le répète, s'appliquent aux Janikis seuls, et après les observations qui précèdent je me garderai bien de les étendre à tout les Bakhtyaris. Les hommes de cette tribu que Layard dit être turque présentent au contraire à première vue des caractères loris. Même taille élevée, même vigueur dans les membres ; la barbe et la chevelure soyeuses, bouclées, sont très longues et très noires ; le nez long et droit, la peau est

INDICATION DES MESURES	I	II	III	MOYENNE
Taille debout.	170	175	170	171,5
— menton.	146	150	148	148
— épaule.	140	145,5	141	142
— hanche.	102	100	100	100,5
— ombilic.	104,5	107	105	105,5
— mollet. . . . . , .	39	34	32	35
Diamètre antéro postérieur de la tête.	18,5	17,2	17,7	17,8
— transverse.	16	14,5	14,2	14,9
— frontal minimum.	7	7,6	8,3	7,6
— biauriculaire.	19,5	17,5	18,8	18,6
— bizygomatique.	10,3	11,2	9,3	10,2
— angulaire de la mâchoire. .	13	12,5	10,8	12,1
— épaules.	35	35,3	32,2	34,1
— bassin.	32	35	29,1	32
— hanches.	33	35	32,5	33,5
— seins.	25	19	21,2	21,7
Circonférence de la tête.	57	55,2	55	55.7
— épaules.	110	96	99	101,6
— seins.	92	88	84	88
— taille.	74,5	83	68.5	75,3
— hanche.	92,5	90	85	89,5
— bras.	25	21	23	23
— avant-bras. . . .	28	22,5	23,6	24,7
— cuisse.	50	39	41	46,6
— mollet.	31	31,2	32	32,6
Longueur du bras (totale). . . .	72	75	72	73
— avant-bras.	27	29	25	27
— main.	18	16,5	20	18
— grande envergure. . .	171	174	174	173
— cuisse.	43,5	41	40	41,5
— jambe.	41,5	43	43,5	42,6
— pied.	27	26	25,5	26
— post-malléolaire (a). . . .	5	3,5	3	3,8
— (b). . . .	6	4,5	4	4,6
— du nez.	6,5	7	6	6,5
Largeur du nez.	4,2	4,3	3,2	3,9
— biorbitaitaire externe. . .	10	11,3	6,7	10
— interorbitaire.	3,2	3,1	2,7	3
— bouche.	5,6	5,3	5,2	5,4

d'une blancheur remarquable, bien qu'ils habitent une partie relativement chaude de la montagne.

Cependant les mensurations céphalométriques indiquent un fort apport turcoman. L'indice céphalique est 83,70. Quoique très inférieur à celui qu'on accorde généralement aux Bakhtyaris il est assez élevé. L'indice fronto-jugal 74,50 est lui aussi assez fort.

Cette tribu diffère donc assez sensiblement des autres Bakhtyaris, par une moindre brachycéphalie et par une plus grande somme de caractères aryens.

Il est très vraisemblable qu'une tribu turque trouva le pays occupé par des Loris et se fondit avec eux. Il n'est pas inutile de faire remarquer que le premier des sujets mesurés était le chef du campement. Il trahit plus que les autres une origine septentrionale, son indice céphalique est 86,48. Parmi les hommes de la tribu qui allaient et venaient autour de nous, j'en remarquai beaucoup de châtains comme dans le Fars; d'autres avaient les cheveux et la barbe noirs avec des yeux bleus; caractère que j'avais déjà relevé chez les Loris (fig 2).

Un autre fait vient encore confirmer l'hypothèse d'une occupation aryenne de la contrée. A un jour de marche de Méidovid, sur les bords de l'Alla, au point où cette rivière va sortir des gorges de la montagne pour pénétrer dans la plaine de Ram-Hormuz, nous avons trouvé une petite tribu qui n'avait de parenté possible qu'avec les Farsis ou les Loris. Les gens de ce campement ne possédaient même point de tentes; ils étaient très misérables, aussi avaient-ils une fâcheuse propension au brigandage. Nous fûmes sur le point d'échanger avec eux des coups de fusil et nous eûmes quelque peine à sortir de leurs mains. Ils étaient très beaux, grands, élancés, la peau très blanche, les cheveux châtains ou blonds. Rien dans leur allure ne décélait un mélange turcoman.

Ils ne parlaient point le persan, nous n'entendions pas un mot de leur langage. Cependant en prêtant l'oreille, on distinguait dans le discours des formes persanes, en particulier dans

les radicaux des verbes. Peut-être était-ce du pehlvi ? Peut-
être cette petite et misérable tribu, végétant à l'écart et ne
prenant pas part au mouvement général, a-t-elle conservé avec
la pureté du type, la vieille forme du langage ? C'est possible.

Ces quelques renseignements n'accroissent pas beaucoup nos
connaissances sur les Bakhtyaris en général, du moins ont-ils
l'intérêt de montrer que la question est encore plus compliquée

FIG. 2.

Bakhtyaris de Meidowid. -- Photographie de la Mission.

qu'on ne le croit généralement. C'est toute une campagne qu'il
faudrait consacrer à l'étude des Bakhtyaris; il faudrait les
prendre campement par campement et sonder une à une les
vallées les plus solitaires de la montagne. On devrait y retrouver
pures des tribus, turcomanes, sémites peut-être, aryennes,
susiennes, et d'autres formées du mélange de ces éléments en

proportions diverses suivant les points. Une telle mission serait difficile et périlleuse sans doute, mais fournirait pour l'anthropologie et l'histoire les résultats les plus intéressants.

V

ARYO-NÉGROIDES

SUSIENS

Les anthropologistes ne savent à peu près rien des habitants modernes de la Susiane; et sur leurs ancêtres, on ne peut émettre que des hypothèses tirées de l'examen des bas-reliefs. On s'accorde à voir en eux un élément nègre fort peu aisé à déterminer. Les archéologues leur chercheraient volontiers des parents en Afrique.

« Le nom d'Éthiopiens [1], souvent appliqué par les auteurs grecs aux riverains du golfe Persique et de la mer d'Oman, rappelle le lien de parenté qui, d'après les généalogies hébraïques, rattache les Kouchites d'Asie à ceux de l'Afrique. » Les anthropologistes les rapprocheraient de préférence des Négritos de l'Inde et de l'Océanie.

« Le type négroïde que l'on trouve à Kouyoundjik représente l'élément primitif de la Susiane [2]. Le Susien est un produit probable de quelque métissage de Kouchite et de Nègre. Son nez relativement plat, ses narines dilatées, ses pommettes saillantes, ses lèvres épaisses en font un type de race bien observé et bien rendu. Nous serions disposés à y voir une population semblable, analogue à l'ancien peuple qu'Hamilton Smith a signalé sous le nom d'*Hubbashee* dans le Mekran et le Laristan. Est-ce à la même race qu'il faut rapporter le prototype des Bouddhas nègres de l'Inde? Jusqu'à quel point peut-on

---

[1] Perrot et Chipiez, *Histoire de l'art dans l'antiquité*, t. II, p. 18.
[2] De Quatrefages et Hamy, *Crania ethnica*, p. 152 et p. 166.

rattacher ces représentations à l'histoire des Habbashis ou
Hasyasilas dont les Puranas font mention, et qui semblent
avoir été des Négritos? L'ethnologie n'a pas encore de réponse
à ces difficiles questions.

Nous nous trouvons en présence de deux hypothèses, et
aucun fait ne peut actuellement nous entraîner vers l'une plutôt que vers l'autre.

1° CARACTÈRES DES SUSIENS MODERNES

Les habitants de la Susiane ont assurément un type particulier qui les fait distinguer de tous les autres Persans. Ce
point qui a frappé les archéologues n'avait pas échappé aux
voyageurs. Le Persan Istakri qui parcourait cette région au
xe siècle avait relevé les traits suivants que j'emprunte à
Khanikoff[1].

« Dans le Khouzistan on parlait le *Persan*, l'Arabe et le
Khouzi. L'extérieur des habitants de cette province était *jaune*
et décharné, leur barbe peu fournie et, en général, leurs cheveux moins abondants que ceux des autres peuples. »

Il caractérise de la même façon d'autres tribus que je crois
devoir rattacher aux Susiens.

« Les habitants des districts chauds du Fars étaient maigres,
noirs et avaient une chevelure peu abondante. Dans les parties tempérées de cette province, les habitants ont la taille
élevée, la chevelure touffue et sont très blancs. »

Ces derniers sont les Farsis, et il ne les confond pas du tout
avec les précédents. A dix siècles d'intervalle, ce sont encore
ces différences de teint, de taille et de chevelure, qui frappent
tout d'abord le voyageur lorsqu'avant de pénétrer en Susiane,
il a vu des Farsis à Bender-Bouchire. Après quelques temps
de séjour, on analyse les visages, et chaque examen nouveau
accuse l'écart préjugé de prime abord. Front bas, nez écrasé,

---

[1] Khanikoff, *loc. cit.*, p. 120.

bouche large et lippue, différence de langue, différence de costume, autant de traits qui séparent les Susiens des Aryens, sans pour cela les rapprocher nettement des Mongols. L'hypothèse d'un élément étranger à ces deux grandes races s'impose de plus en plus. Et si l'on songe combien la petite race négrito, aujourd'hui presque exclusivement polynésienne, était autrefois répandue en Asic, on est amené peu à peu à se demander si ce n'est pas elle qui a fourni l'élément étranger dont la nature est encore inconnue, mais dont l'existence est certaine (fig. 3).

Fᵢɢ. 3.

Susien.— Photographie de la Mission.

La découverte dans les fouilles des bas-reliefs en briques émaillées, aujourd'hui remontés au musée du Louvre, contribua à nous affermir dans cette idée. Ils représentaient, en effet, des guerriers de Darius avec la *face* et les *mains noires*, une chevelure et une barbe spéciales. Une étude attentive des habitants actuels du pays étant de nature à jeter quelque jour sur la question, M. Diculafoy m'engagea vivement à poursuivre mes recherches ethnographiques et m'autorisa à mesurer un certain nombre d'habitants, et à recueillir quelques-uns des crânes trouvés dans les fouilles, malgré le surcroît de défiance et d'hostilité qui devait en résulter contre toute la mission (fig. 4).

Pour réussir auprès des habitants de Dizfoul, fanatiques entre tous les musulmans, je dus recourir à un stratagème. J'étais chargé du service médical pour les indigènes malgré mon incompétence en thérapeutique, et je tenais au client à peu près ce discours : « Je connais ta maladie, je sais aussi le remède qu'il te faut, mais je ne sais pas combien tu dois en prendre, car, c'est facile à comprendre, il en faut plus pour un homme gros que pour un petit : en conséquence, je vais te mesurer. Et le sujet, un peu tremblant, se prêtait néanmoins aux

Fig. 4.

Susien. — Photographie de la Mission.

opérations nécessaires, convaincu que cela se passait ainsi chez tous les médecins d'Europe.

Voici réunies en tableaux les mensurations de quelques Dizfoulis :

Tableau A

INDICATION DES MESURES	I	II	III	IV	V	VI	VII	VIII	IX	X	XI	MOYENNE
Taille debout	171	167	174	163	165	172	157	140	162	157	168	163,27
— menton	146	145	148	138	144	151	136	119	140	138	139	140,18
— épaule	139	136	147	13.	138	143	130	113	135	130	136	134,72
— hanche	100	98	102	98	99	98	90	70	81	81	81	90,72
— ombilic	104	103	105	98	103	103	97	84	94,5	94	100	98,70
— mollet	35	33	36	30	35	31	35	24	30	30	32	32
Diamètre ant.-postérieur de la tête	18	17	18	18,2	18,5	18,6	17,8	17,8	18,2	18,4	19,6	18,2
— transverse	16	13	13	13,6	13,2	15	14,5	14,9	14,7	13,5	14,5	14,26
— frontal minimum	7	6	6	9	5	5,5	5,5	5,3	5	5,2	6,5	6
— biauriculaire	17	14	14	8,5	9,5	18	14,3	14,3	15,5	14,3	14	16
— bizygomatique	11,5	10	10	1'.3	10,3	11,3	9,4	9,8	10,2	10,7	9,5	10,3
— angulaire de la mâchoire	11	11	9	12	12	13	12	11	12,6	12	11,3	12
— épaules	36	35	40	33	36,5	35	33	33	33	34	35	35
— bassin	30	28	35	27	28,5	29	25	24	29	31	28	29
— hanches	32	30	40	27,5	31,5	33	30	29	35	32	33	32
— seins	19	20	21	20	19	18	20	17	21	20	20	19
Circonférence de la tête	55	56	55	54	54	55	54	53,5	55,5	52,5	54	54
— épaules	96	100	100	96	103	105	88	87	99	93,5	100	97
— seins	80	82	86	80	84,5	84	78,3	73,5	88	82,5	85	82
— taille	70	70	77	68	71	70	68	63,6	71	71	71	70
— hanches	84	88	90	81	87	92	75	73,7	87	82	89	84
— bras	24	21,5	23	28	24	25	20	20	24	21	24	23
— de l'avant-bras	25	22	23	23	25,5	25	21	20	25	23,5	26	24
— cuisse	50	43	46	45	47,5	49	40	39	47,5	44	45,5	45
— mollet	35	31,5	32	30	33,5	40	29	27	2,5	32	31	32
Longueur du bras	71	72	71	72	73,5	71	68	58	65	70	72	69
— avant-bras	26	26	26	26	25	28	23,5	20	23	25	26	25
— main	19	21	20	20	21	18	18	16	18	17	18	19
— grande envergure	163	172	170	174	168	170	160	112	160	166	174	165
— cuisse	40	39	47	50	40	48	42	33	44	39	38	42
— jambe	41	40	43	40	43	37	37	32	34	40	39	39
— pied	24	26	26	24	25,5	26	24	22	26	25	26,5	25
— post-malléolaire I	6	6	6	6	6,5	6	4,5	4	5	6	6	5,6
— II	7	7,5	7,5	7	8	7,5	5	6	7	7,1	7	6,9
Largeur du nez	5	5,6	6	5,5	5	5	2,6	4,1	6	4,8	6,2	5
— biorbitaire externe	9,5	10	10	11,2	11,5	11,3	10,8	11	12	10,4	10,7	11
— interorbitaire	3	2,5	3	3,3	3,2	3,2	2,8	8,3	3,4	3,4	3	3
— bouche	5,7	5,5	5,5	5	5	5,6	4,6	5,2	5,4	5,1	5,3	5

J'ajoute encore, à titre de renseignement et pour les utiliser plus loin, les mensurations d'un mulâtre dont le père était de Chouster et la mère née sur la côte orientale d'Afrique.

Tableau B

INDICATION DES MESURES	I	INDICATION DES MESURES	I
Taille debout.	158	Circonférence des hanches. .	92
— menton.	131	— bras.	26
— épaule.	122	— avant-bras. .	24
— hanche.	88	— cuisse	48
— ombilic.	91	— mollet. . . .	34
— mollet.	31	Longueur du bras totale. . .	67
Diamètre antéro-post. de la tête.	20,5	— avant-bras. . . .	24
— transverse.	16	— main.	17
— frontal minimum. . .	8,5	— grande envergure.	160
— biauriculaire. . .	18,2	— cuisse.	35
— bizygomatique. . . .	11,2	— jambe.	39
— angulaire de la mâch.	12,5	— pied.	25
— épaules.	25,5	— post-malléolaire I.	4,5
— bassin.	27	— — II.	6
— hanches.	30	— nez.	4,7
— seins.	20	Largeur du nez	4,3
Circonférence de la tête. . . .	57	— biorbitaire externe. .	11
— épaules. . . .	103	— interorbitaire. . .	3,3
— seins	86	— bouche.	5,7
— taille.	75		

J'ai pu également prendre des mesures sur deux enfants : le premier est une fille, le deuxième, un garçon. (Voir tableau C.)

L'indice céphalique des Susiens est, d'après le tableau A 78,35. Ils sont mésaticéphales et, si on ne considérait que ce seul fait, on pourrait les confondre avec les Hadjemis voisins des contrées aryennes [1]. Mais ce n'est pas sur un seul caractère, si important soit-il, que l'on peut classer les races humaines. Or, tous les autres traits de la face aussi bien que

[1] Voir page 20.

Tableau C

INDICATION DES MESURES	1	II
Taille debout.	117	139
— au menton.	97	118
— épaule.	96	113
— hanche.	63	77
— ombilic.	68	80,5
— mollet.	26	25
Diamètre antéro-postérieur de la tête.	17	18
— transverse.	13	12,5
— frontal minimum.	5	5
— biauriculaire.	12	17,5
— bizygomatique.	9,5	10,5
— angulaire de la mâchoire.	11	12,3
— épaules.	25	29,5
— bassin.	22	22,5
— hanches.	22	28
— seins.	14,5	16
Circonférence de la tête.	53	53
— épaules.	67	81
— seins.	64	70
— taille.	64	68,5
— hanche.	63	70
— bras.	16,5	18
— avant-bras.	16	18
— cuisse.	29	40
— mollet.	25	29
Longueur du bras (totale).	50	58
— avant-bras.	16	20
— main.	15	14
— grande envergure.	150	151
— cuisse.	28	32
— jambe.	29	32
— pied.	18	21
— post-malléolaire I.	5	5
— — II.	6	6,5
— nez.	4	4,5
Largeur du nez.	3,5	3,5
— biorbitaire externe.	10	10,3
— interorbitaire.	3	3,5
— bouche.	4	4,7

les proportions du corps excluent cette parenté. La circonférence de la tête est plus petite que chez les autres races persanes.

Le front, très étroit et très bas, serait presque entièrement dissimulé sous les cheveux, s'ils n'avaient la coutume de se raser tout le sommet de la tête.

Les yeux, très beaux et très doux, n'ont pas le vif éclat et le rayon d'intelligence que l'on est accoutumé à voir chez les Persans. Au reste, l'ardent soleil de la Susiane, les jours d'été passés dans des caves profondes, les nuits à la belle étoile sans précaution aucune, sont les causes de nombreuses maladies d'yeux. Et le seul beau trait que l'on puisse reconnaître aux Susiens est presque toujours dissimulé sous un bandeau, sous une taie, et disparaît presque fatalement à un âge peu avancé par l'inévitable cataracte.

Le nez est court, gros et charnu. Il ne rappelle pas celui des Hadjemis qui, bien qu'assez court, est très fin de dessin. Il suffit de jeter les yeux sur le tableau suivant pour voir combien ce caractère négroïde écarte les Susiens de leurs voisins.

MESURES	SUSIENS	BAKHTYARIS JANIKI	HADJEMIS	LORIS
Longueur du nez. . . .	5	6,5	5,7	5,7
Largeur du nez.	4	3,9	3,8	3,8

Ils ont le nez plus court et plus large que tous les autres peuples de la Perse.

La bouche, assez large, 5, n'a pas cependant des dimensions exagérées, mais les lèvres en sont particulièrent grosses et charnues.

Ils sont bien moins intelligents que les Persans; ils comprennent lentement et mal. Menteurs, voleurs, débauchés, craintifs au delà de toute expression, ils sont tenus dans le plus grand mépris par tous leurs voisins de la plaine et de la montagne qui les battent et les dépouillent sans merci dès qu'ils s'aventurent hors des villes.

Si les populations susiennes sont formées, comme tout le fait prévoir, d'une race ancienne dissimulée sous des caractères acquis à la suite d'une invasion plus récente, il faut rechercher chez les enfants le type ancestral. D'après ce qu'on sait de l'atavisme, il y a tout lieu de croire que les jeunes ressemblent à leurs ascendants éloignés et n'acquièrent qu'à l'état adulte les traits nouveaux de la race.

Les enfants de Dizfoul ont des caractères négroïdes plus marqués encore que les adultes. Ils sont, au reste, très laids.

Leurs mères ne les mettaient pas volontiers entre les mains des infidèles, aussi le tableau C ne renferme-t-il que les mensurations de deux enfants. Ils ont pour indice céphalique, l'un 76,47, l'autre 69,44. Le premier est mésaticéphale, le second est dolichocéphale au même degré et même plus que les Aryens de la région. Comme nous savons, d'ailleurs, que, chez les races métisses, le type de l'un ou de l'autre des peuples primitifs peut reparaître au milieu de la masse générale des habitants qui présentent des caractères moyens, nous sommes amenés à croire que l'élément nègre que nous soupçonnons s'est fondu avec un élément aryen. Mais ce n'est pas encore tout ; il y a un troisième apport ainsi que nous le verrons plus loin.

2° COMPARAISON DES SUSIENS AVEC LES PEUPLES VOISINS

Pour bien marquer les caractères qui séparent les Susiens des Aryens d'une part et des Tourano-Aryens de l'autre, il est bon de mettre en parallèle les uns et les autres. Je prendrai pour type d'Aryen les Loris et pour type de Tourano-Aryen les Bakhtyaris Janikis, cette tribu étant formée, comme nous l'avons vu, d'un mélange de Turcs et de Loris.

Si on essaie de superposer en projection horizontale les trois crânes, on remarque que le Susien se trouve compris à l'intérieur des deux autres. Il est plus petit, moins dolichocéphale que le crâne lori, et moins brachycéphale que le crâne bakhtyari [1].

En portant sur le papier des longueurs proportionnelles aux nombres qui représentent les dimensions moyennes de la face et du crâne, on peut construire des croquis qui retracent les traits des trois races. Pour être théoriques, ces croquis ne s'écartent pas trop de la vérité, ainsi qu'on peut le constater en les comparant aux photographies, et ils ont l'avantage de mettre en relief les traits principaux en les dégageant des détails. On voit d'après cela quelle différence considérable existe entre les trois types, et combien le Susien offre des caractères négroïdes [2].

D'autres différences viennent encore s'ajouter à celles de la face et du crâne. La différence de hauteur entre l'ombilic et la hanche, très marquée chez les Loris, puisqu'elle atteint 12 centimètres, est de 5 centimètres chez les Bakhtyaris et de 8 chez les Susiens.

Lorsqu'on regarde un nègre marcher pieds nus on est généralement frappé de la longueur du calcanéum ; tandis que dans les races blanches, le tendon d'Achille tombe à peu près verticalement. Les Susiens présentent aussi ce caractère (voir planche IV), $o\,a, o\,a', o\,a''$, sont proportionnelles aux longueurs post-malléolaires des Bakhtyaris ; Loris et Susiens, $o\,b, o\,b', o\,b''$, sont, pour les mêmes peuples les longueurs du talon, comptées à partir de la verticale qui passe par la malléole [3].

3⁰ DÉTERMINATION DES ÉLÉMENTS ETHNIQUES QUI CONSTITUENT LA RACE SUSIENNE ACTUELLE

Arrivé en ce point de notre étude, les fait nous ont suggéré

[1] Voir planche IV.
[2] Id.
[3] L'échelle des hauteurs est plus petite que celle des largeurs afin d'exagérer le caractère.

quelques hypothèses ; mais loin d'être probables, elles restent
encore très vagues. Nous allons essayer de les préciser un peu
plus.

§ I. — Nous avons été amenés à supposer que des populations négritos avaient occupé la contrée. Avec quels peuples
ont-elles pu se mélanger ? Il y a lieu de penser d'abord aux Perses
Aryens qui, à l'époque Achéménide, ont dominé et *habité* la Susiane. Puis aux Mongols, Parthes, ou Bakhtyaris des montagnes
voisines.

Les Négritos sont de petits nègres brachycéphales dont l'indice céphalique moyen très constant est à peu près égal à 80.

Les Perses avaient assurément l'indice céphalique des autres
Aryens : Hindous, Afghans, Loris, soit 73. Quant aux Parthes,
ils appartenaient à ces populations ouralo-altaïques dont l'indice céphalique varie de 80 à 84. Attribuons-leur 82, comme
il ne s'agit que d'une première approximation.

La moyenne de ces trois indices, 80, 73, 82 est 78,33. C'est
juste l'indice moyen des Susiens modernes, puisque d'après les
chiffres du tableau A, nous avons trouvé 78,35. On pourrait
objecter que suivant des remarques antérieures, les Touraniens ayant une tendance marquée à imposer leur brachycéphalie, j'aurais dû donner à leur indice un coefficient plus fort
qu'aux autres. Mais cette loi ne s'applique pas au métissage
tourano-nègre. Le mulâtre du tableau B, issu d'un père bakhtyari et d'une négresse dolichocéphale d'Afrique a pour indice
78, qui est une moyenne entre ceux de ses deux parents.

§ II. Il est facile de voir en étudiant le tableau A que les sujets
mesurés sont de deux tailles différentes. Après avoir tiré des
moyennes les enseignements qu'elles pouvaient nous donner,
il convient d'établir des distinctions. Bien que tous les sujets
mesurés portent sur la face ces traits, que l'on ne peut mieux
exprimer que par le mot négroïde, ils sont beaucoup plus accu-
sés chez les sujets de petite taille.

Ces derniers (tableau A, IV, VII, VIII, IX, X) ont pour taille moyenne 155,8; leur crâne est plus petit, et l'indice céphalique 78,76 se rapproche de celui des Négritos, quoique le crâne soit allongé par l'influence aryienne. Parmi les habitants dont la taille est plus élevée, il en est deux (I, VI), qui présentent des caractères touraniens. Leur taille est de 171,5, et l'indice céphalique 84,63.

Quant aux autres (II, III, V, XI), leur taille moyenne est 168,5 et leur indice céphalique 73,22 en fait des dolichocéphales qui perpétuent les caractères de l'élément perse de la population.

Les conclusions de cette deuxième étude s'ajoutent donc aux précédentes. Il y a en Susiane une race bien nette assez récemment constituée par un mélange de Touraniens, de Perses et de Négritos. Les caractères de ces trois peuples se sont fondus pour donner un niveau moyen au-dessus duquel fait saillie ici un trait touranien, ici un Perse et là un Négrito.

§ III. Il est possible d'analyser encore de plus près les caractères de ces populations. Suivant un conseil donné par M. de Quatrefages, avec une bienveillance dont je ne saurais trop le remercier, j'ai calculé les indices horizontaux de tous les Susiens du tableau A.

Nous avons deux caractères importants, la taille et cet indice céphalique. Disposons les sujets en série d'après l'un de ces caractères, la taille, par exemple.

Taille. . .	140	157	157	162	163	165	167	168	171	172	174
Indice céphalique.	83,70	81,46	73,26	80,76	74,72	71,35	76,47	73,97	88,88	80,64	72,22

Les tailles forment une série où les nombres croissent pro-

gressivement de gauche à droite. Il n'en est pas de même pour
les indices céphaliques.

Entre l'indice maximum et l'indice minimum il y a un écart
considérable, 17,53. Ceci met bien en évidence un fait que nous
connaissons déjà, à savoir que les Susiens actuels sont le pro -
duit d'éléments très divers. Dans ces conditions, nous ne pou-
vons obtenir une concordance entre la série des tailles et celle
des indices. Il faut établir des groupes.

Prenons d'abord tous les sujets dont l'indice moyen est le
plus voisin de 80, et disposons-les par rang de taille.

Susiens-Négritos.

Taille.	140	157	162	167	172
Indice céphalique.	83,70	81,46	80,76	80,64	76,47

Cette fois il y a concordance absolue entre les deux caractères. Les tailles croissent de gauche à droite, et dans le même
sens les indices vont en décroissant.

Pour rendre cet accord manifeste, portons sur des ordonnées
des nombres proportionnels aux tailles d'une part, aux indices
de l'autre. Nous obtenons deux courbes parfaitement régulières
et montrant pour les deux caractères considérés des variations
inverses [1].

La taille générale de la population a été élevée par l'arrivée
de l'élément aryen, et p'us l'indice céphalique se rapproche de
l'indice perse et plus aussi la taille est haute. Cette concordance donne à notre hypothèse beaucoup de précision et un
plus grand degré de certitude. Le sujet placé à gauche du ta-

[1] Voir planche IV.

bleau indique par son indice céphalique un mélange touranien. La taille de ces populations n'est point élevée, aussi, il est très petit. Il est même tellement au-dessous de la moyenne qu'il y a lieu de voir là un caractère individuel.

Prenons maintenant la partie perse de la population susienne, c'est-à-dire les sujets dont l'indice s'écarte peu de 73, et disposons-les encore par rang de taille.

Susiens-Perses.

Taille	157	163	165	168	174
Indice céphalique.	73,36	74,72	71,35	73,97	72,22

La taille croissant de gauche à droite, les indices ne suivent pas une variation correspondante directe ou inverse. Mais remarquons que l'écart maximum entre les indices des sujets du précédent tableau était 7,23. Ici il n'en est que de 2,62, c'est-à-dire ne dépasse pas les limites des différences observées entre hommes d'une même race. Des courbes construites comme précédemment nous montrent que la taille croissant, les indices oscillent autour d'une droite horizontale; c'est-à-dire chacun d'eux s'écarte peu de l'indice moyen : c'est le cas des races pures[1].

Il nous reste un dernier sujet de taille 171 et d'indice céphalique 88,88. Il rappelle les deux caractères de haute taille et de brachycéphalie que nous avons constaté chez les Bakhtyaris Janikis. Nous sommes dès lors amenés à voir en lui un métis des deux éléments aryens et touraniens. Cette nouvelle manière d'étudier nos nombres nous montre encore et avec plus de

[1] Voir planche IV.

précision les trois éléments ethniques négrito, perse et touranien.

De plus, elle nous permet d'étudier l'importance de chacun
d'eux. Les deux principaux sont sans contredit le Perse et le
Négrito, puisque sur onze sujets mesurés, cinq ont des caractères perses et cinq des caractères négritos. L'influence touranienne s'accuse d'un côté par la présence d'un sujet très brachycéphale, et de l'autre, en élevant un peu l'indice horizontal de
la partie négrito de la population.

§ IV. — L'examen des crânes anciens recueillis dans les
nécropoles susiennes de l'époque parthe fournit un nouvel argument à cette manière de voir. Les ouvriers des chantiers nous
voyaient de très mauvais œil violer ces sépultures. Cependant
nous tâchions de les convaincre que cela n'avait guère d'importance puisqu'il ne s'agissait pas de musulmans. J'ai dû me
contenter de recueillir cinq crânes ; deux appartiennent à des
enfants morts presque à leur naissance. Ils ne nous apportent
rien au point de vue ethnographique. Les trois autres sont
précieux, malgré le mauvais état dans lequel ils se trouvaient.
Tous étaient dans des urnes de terre cuite, placées en général
verticalement. Quelques fragments du squelette étaient encore
conservés : vertèbres, côtes, têtes d'os longs, os du tarse, etc.
Voici les principales mesures que l'état de ces crânes permet
d'obtenir.

Le crâne n° I [1], le mieux conservé, est aussi le plus intéressant.
La fragilité des os et quelques trous dans la voûte ne m'ont pas
permis de déterminer sa capacité par le procédé ordinaire. J'ai
remplacé le plomb par du son, ce qui m'a permis, sinon d'avoir
un chiffre exact, du moins de reconnaître que sa contenance est
très petite ; puisque j'ai trouvé 1226 centimètres cubes. Premier
caractère négrito.

[1] Voir planche I.

INDICATION DES MESURES	I	II	III
Diamètre antéro-postérieur maximum.	171	182	145
— iniaque.	160	170	124
— transverse maximum. . . .	132	135	113
— bitemporal.	126	134	115
— biauriculaire.	109	»	90
— bimastoïdien.	105	»	»
— frontal maximum. . . .	103	110	97
— — minimum. . . .	86	»	»
— occipital maximum. . .	99	109	92
Circonférence horiz. totale. . . .	504	»	412
— préauriculaire.	280	»	223
— post-auriculaire. . . .	224	»	189
— transverse.	450	»	382
— sus auriculaire.	310	»	272
Diamètre biorbitaire externe. . . .	95	»	»
— biorbitaire interne. . . .	85	»	»
— interorbitaire. . . .	20	»	»
Diamètre bizygomatique.	112	»	»
— bicondylien.	93	»	77
— biangulaire.	88	»	»
Écartement 2e molaire et canine. . .	5	»	»
capacité cranienne. . . .	1226	»	»
Long.) Largeur.	77,19	74,17	77,93
100) Hauteur.	76,02	»	72,41
Larg.) Hauteur.	98,48	»	92,92
100)			
Fronto-pariétal.	50,29	»	»

L'indice céphalique 77,19 n'est pas d'un pur Négrito; il faut nous attendre à trouver quelques caractères étrangers.

Je citerai entre autres les arcades sourcilières bien accusées qui semblent indiquer du sang mongol ainsi que la dilatation postérieure des temporaux.

Mais les caractères suivants sont très typiques.

1º Le crâne vu par la face postérieure a pour contour apparent un pentagone à peu près régulier.

2° Le milieu de la fosse temporale est creusé d'une dépression qui remonte jusqu'à la ligne médiane et donne à la tête un aspect bilobé.

Ce sont ces deux caractères qui nous permettent d'affirmer que ce crâne appartient à un métis de Négrito.

« Grâce à leur persistance, dit M. de Quatrefages [1], on peut reconnaître l'existence du sang négrito là même où la race semble avoir disparu et en suivre les traces au milieu des populations métisses. »

J'ajouterai que la surface interne de ce crâne est particulièrement lisse et ne porte pas d'autre anfractuosités que les fosses cérébrales et cérébelleuses du cervelet.

Ce crâne de Susien, à mon avis métis négrito-parthe, ressemble trait pour trait au crâne de Négrito-Japonais figuré dans la planche XVI de l'atlas des *Crania ethnica*.

Frappé en étudiant ce crâne du peu de hauteur de l'écaille temporale par rapport à la longueur totale de l'os, j'ai calculé le rapport entre ces deux dimensions :

$$100 \times \frac{38}{83} = 46.$$

Le même rapport sur le crâne négrito-japonais dont je parlais plus haut est égal à 48. Ces deux nombres très petits tous les deux sont très comparables; si on observe surtout quelle différence ils présentent avec 60, même rapport sur un crâne français, ou 68 sur un crâne mongol.

La présence de l'élément négrito s'affirme donc et se précise de plus en plus.

Le crâne n° II [2], beaucoup plus grand, est très incomplet. Il appartient à un vieillard. Sa forme ovale, sa hauteur basilobregmatique, le font déterminer pour un crâne perse. L'indice céphalique 74,17 montre qu'il est dolichocéphale, et encore

---

[1] De Quatrefages, *Hommes sauvages et hommes fossiles*, p. 216.
[2] Voir planche III.

cet indice est trop fort, parce que le frontal étant en partie
brisé, je n'ai pas pu prendre le diamètre antéro-postérieur à
partir de la glabelle. J'ai ainsi obtenu un chiffre trop faible,
ce qui fait augmenter le rapport dont ce diamètre est le dénominateur. Le rapport de la longueur à la hauteur du temporal
ne peut être calculé exactement, mais il est manifestement
supérieur à celui du crâne précédent.

Quoi qu'il en soit ces renseignements sont très suffisants pour
reconnaître un crâne perse.

Le crâne n° III[1] n'est pas adulte. Son indice 77,93 est bien
susien ; mais il est en si mauvais état que je ne n'ose rien conclure de sa morphologie.

Je ferai simplement remarquer que l'écaille temporale a une
faible hauteur.

Ce crâne porte également la trace d'une déformation basilobregmatique. Ces déformations artificielles que subit l'enfant dans
son berceau et qui existent dans le Caucase, en Syrie et chez les
Bakhtyaris, me semblent d'origine touranienne. Celle que l'on
retrouve sur le crâne n° III pourrait très vraisemblablement
être considérée comme un trait de mœurs apporté du Touran
par les Parthes.

Donc, encore dans ces crânes anciens, des Perses, des Parthes
et des Négritos : cette fois d'une façon incontestable.

Nous pourrons donc conclure que les populations susiennes
modernes sont le produit d'un mélange tourano-aryo-né-
groïde.

Ce dernier élément ethnique me paraît actuellement hors de
doute. L'anthropologie nous enseigne donc que la Susiane, à
une époque qu'il appartient aux historiens et aux archéologues
de préciser, a été occupée *par une population noire, parente
de ces noirs de l'Inde, que les peuples blancs ont contraints
à se réfugier dans les districts montagneux et peu acces-
sibles. Ces nègres étaient des Négritos.*

[1] Voir planche II.

4° DISTRIBUTION GÉOGRAPHIQUE DES SUSIENS

On peut aujourd'hui retrouver les Susiens dispersés dans toute la plaine qui s'étend du golfe Persique au pied de la montagne. Ils vivent par petits groupes, et possèdent quelques villes et villages, qui sont pour eux des refuges au milieu du pays dont ils ont été dépossédé par les peuples voisins, Arabes, Bakhtyaris et Loris. La plus grande partie de la plaine, inculte aujourd'hui, est parcourue par les nomades; les anciens maîtres du pays ne peuvent exploiter que les petites zones situées autour des villes. Ils n'en sortent que pour cause d'absolue nécessité, et ce n'est qu'en tremblant qu'ils perdent la vue de leurs murailles.

Leur centre le plus important est Dizfoul, situé à 35 kilomètres de l'ancienne Suse. Il est fort difficile d'évaluer même approximativement la population de cette ville; la surface recouverte par les constructions n'indique rien, car si, d'une part, il y a nombre de maisons en ruines et inhabitées, d'autre part, celles qui sont en bon état abritent un nombre considérable de familles, entassées dans des chambres étroites où règne une âcre odeur d'étable.

A Chouster une faible partie de la population est susienne, la majorité est d'origine bakhtyari. Après Dizfoul, la ville d'Arabistan où l'on trouve le plus de Susiens est Ram-Hormuz. Ils y vivent mêlés aux Bakhtyaris et aux Arabes, distincts des uns et des autres par le type et par le costume, dont les étoffes ont toujours des couleurs éclatantes.

Dans le Fars méridional, il en existe quelques groupes, surtout dans les petits ports voisins du Béloutchistan : à Bender-Abbas, à Lingeh, ce qui concorde avec l'observation faite au x° siècle par Istakri et par Hamilton Smith dans le Mekran. Je n'ai pas pu en ces points faire de mensurations; mais j'avais assez longtemps vécu avec les Dizfoulis pour être sûr de reconnaître à première vue leur type si spécial.

Les quelques villes que je viens de citer sont les dernières retraites de ce peuple qui arrive à la fin de sa longue décadence. C'est là qu'on peut encore voir des Susiens agglomérés. Mais ils n'ont pas disparu devant les envahisseurs sans laisser de traces. Les Arabes de Perse, en particulier, ont absorbé dans leurs tribus une partie des vaincus et le sang négroïde qui caractérise surtout le Susien se manifeste assez fréquemment chez les nomades du pays. Les chefs seuls présentent le type sémite dans toute sa pureté. Ce fait devient hors de doute lorsqu'on compare les tribus, qui, depuis de longs siècles, campent autour de Suse avec leurs congénères de Turquie. C'est le même costume, la même langue, la même organisation politique et sociale; le crâne, la bouche et le nez diffèrent. On comprend que ces nomades ont englobé et entraîné dans leur mouvement des populations négroïdes, sédentaires à l'époque de la splendeur de Suse.

Chez les Bakhtyaris, à Malamir en particulier, on trouve encore quelques Susiens nettement différents des autres habitants du plateau avec lesquels ils sont mêlés. Au résumé, en tous les points du pays, on retrouve des traces de ces Susiens modernes, et l'on peut, grâce à ces vestiges, se figurer leur extension et leurs puissances anciennes.

CONCLUSIONS

Nous avons dû étudier minutieusement un certain nombre de faits et de détails afin d'obtenir une conviction. Résumons pour terminer les principaux résultats de cette étude.

Je me suis attaché à montrer que les habitants actuels de l'empire persan sont en majorité d'origine turcomane. La classique antithèse d'Iran et de Touran, qui exprime l'antagonisme de deux peuples différant par la langue, par l'origine, et perpétuellement ennemis, n'a plus aujourd'hui tout à fait le même sens. Sans doute l'Aryen de Chiraz est le sujet, un peu méprisant, du Turcoman de Téhéran plutôt que son compatriote; le sou-

venir des luttes antiques persiste vivace, mais les deux mots
anciens ne peuvent servir à traduire l'antipathie actuelle. Le
Touran a été vainqueur et a envahi l'Iran, la ligne de démar-
cation a été reculée très loin dans le sud, et les Aryens ont été
dépossédés du sol.

L'Iran ne leur appartient plus, il n'ont pu garder que quelques
régions montagneuses : le Fars et le Louristan, à peine égales au
tiers de la surface de la Perse. Cela ne veut même pas dire que
les Aryens forment le tiers de la population persane, car leur
pays est un des moins peuplés de l'Empire.

Il nous semble maintenant hors de doute que la Susiane a été
primitivement peuplée par une race noire, de petite taille et de
faible capacité cranienne. On en retrouve des traces chez les
habitants actuels de la contrée. Des petites tribus de ces noirs
habitent encore l'Inde et l'Indo-Chine. Au Japon ils sont noyés
dans les populations métisses. Ils occupaient aussi la Susiane.
Ce fait reconnu augmente au nord et à l'ouest l'extension (déjà
considérable), de la race. Il est de plus fort intéressant pour
l'anthropologie ; car les Négritos insulaires ne nous sont connus
que depuis très peu de temps. Les Négritos susiens ont au contraire été en contact avec les peuples méditerranéens dès la
plus haute antiquité et l'on peut espérer retrouver des traces
de leur civilisation propre avant la conquête du sol par les
Aryens de Perse.

Cette conquête n'a pas dû se faire sans luttes. Bien que ter-
minées dès les temps héroïques, il semble en rester des traces
dans certaines expressions du peuple. De même que l'Arabe
ne connait pas d'injure plus vigoureuse que « fils de chiens »,
le Farsi des environs de Chiraz ne sait rien de plus insultant
que *çourat cyâh*, « figure noire ». C'est le même mépris que
marquent les Hindous en appelant *peuples de singes* les Négritos des monts *Vindhyas*.

LYON. — IMP. PITRAT AINÉ, RUE GENTIL 1.

1

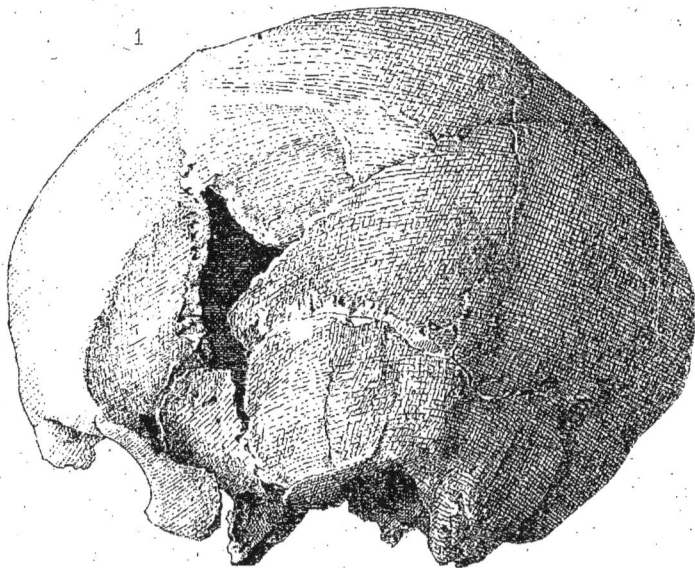

2

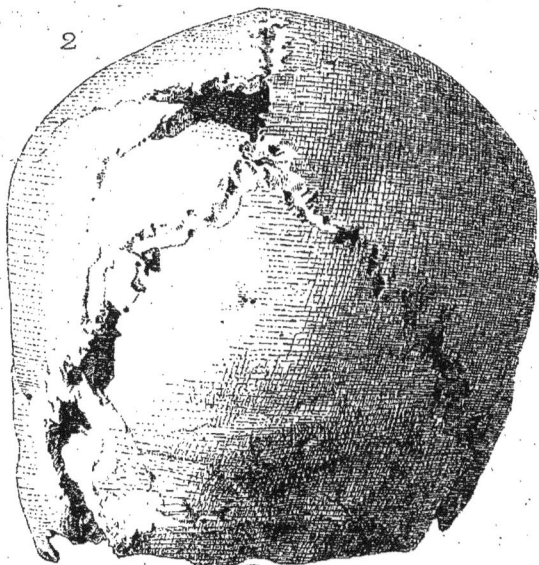

CRÂNES RECUEILLIS DANS LES FOUILLES DE SUSE

1 _ Crâne de Susien-Négrito _ Profil
2 _ Le même vu par la face postérieure

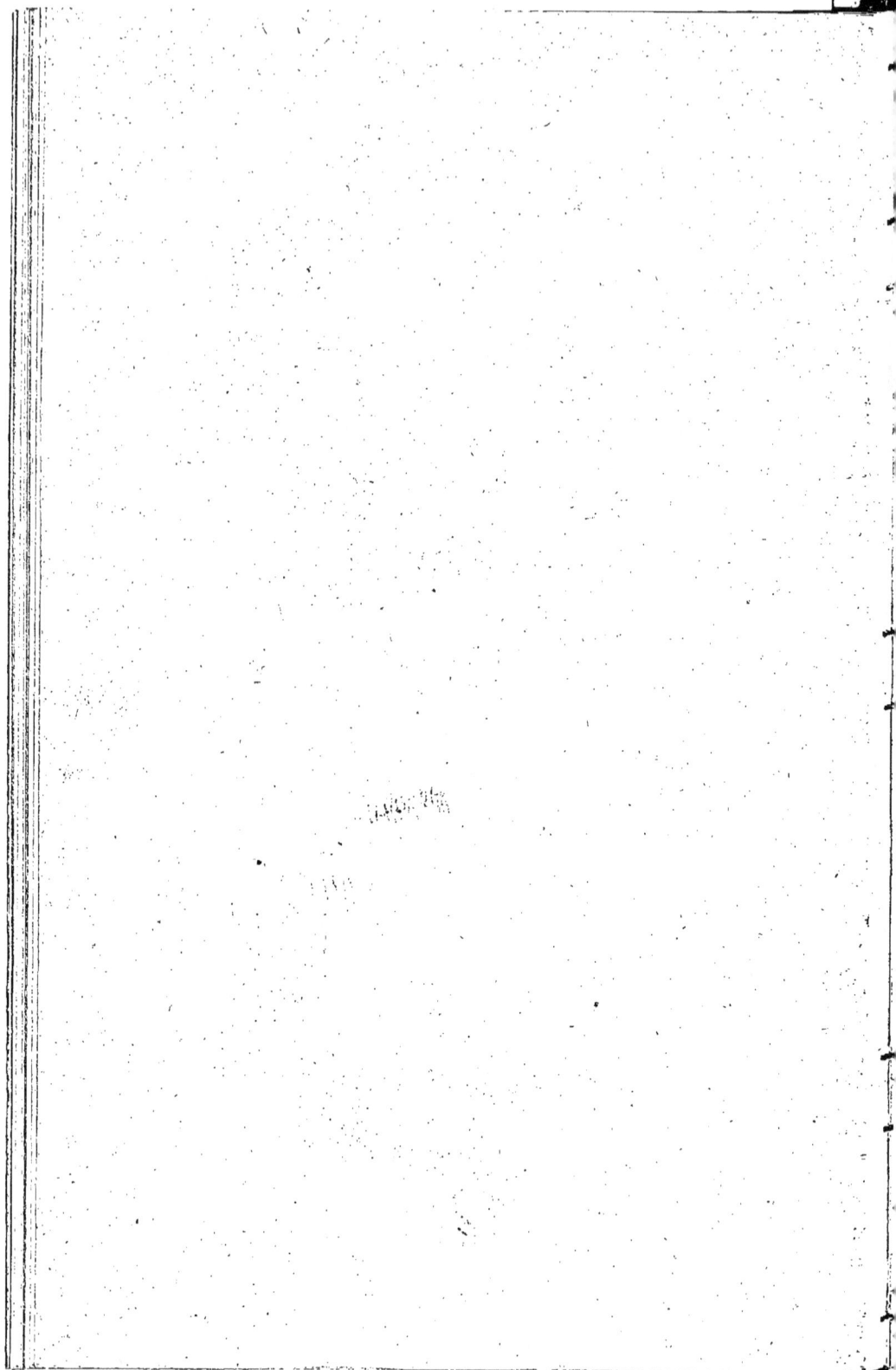

LES RACES HUMAINES DE LA PERSE

Bull. Soc. d'Anthr. de Lyon   T. VI, PL. II

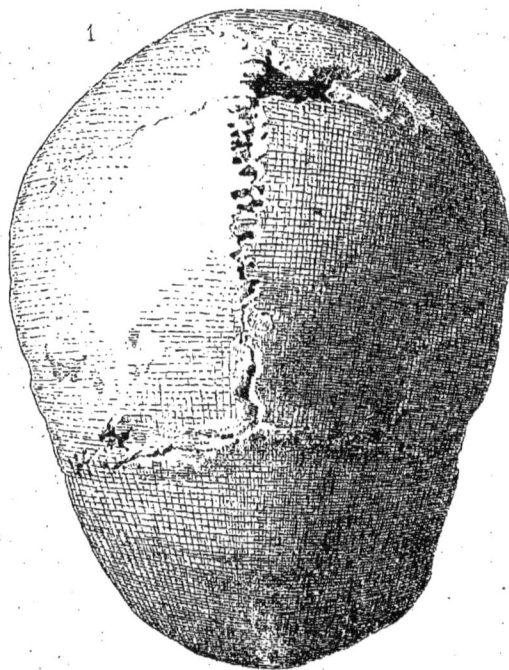

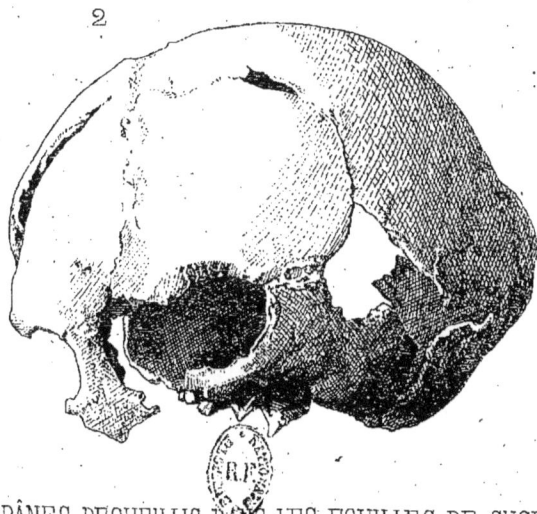

CRÂNES RECUEILLIS DANS LES FOUILLES DE SUSE

1 _ Crâne Susien-Négrito _ Norma Verticalis
2 _ Crâne Susien-Parthe _ Profil

Imp. A. Roux, Lyon

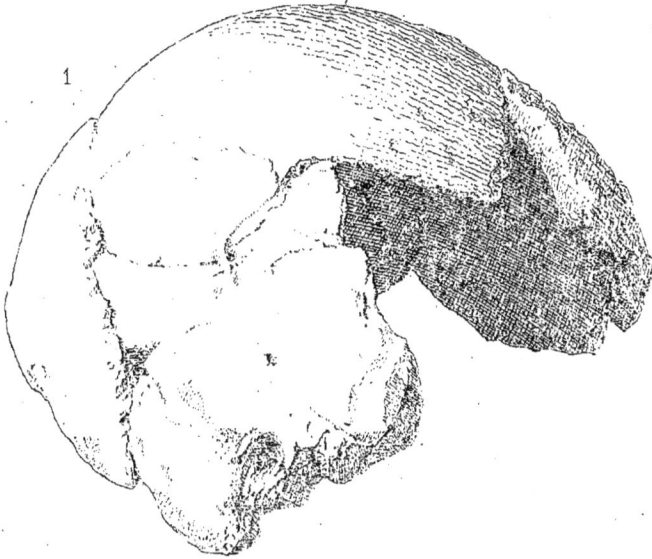

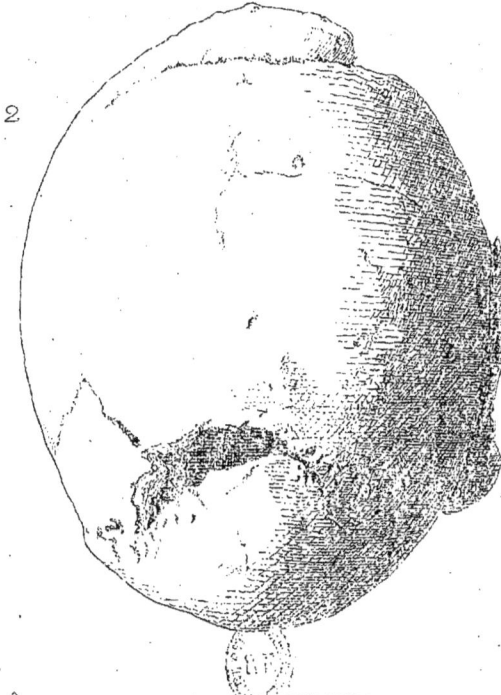

CRÂNES RECUEILLIS DANS LES FOUILLES DE SUSE

1_Susien - Perse _ Profil
2_Susien - Perse _ Norma Verticalis

Imp. A. Roux, Lyon.

LES RACES HUMAINES DE LA PERSE

Mâchoire inférieure.
de Susien Négrito.

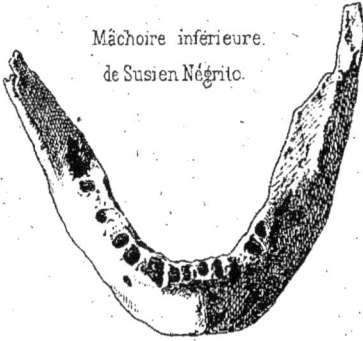

Projections horizontales
des 3 crânes.

——————— Lori.
— · — · — Bakhtyari.
·············· Susien.

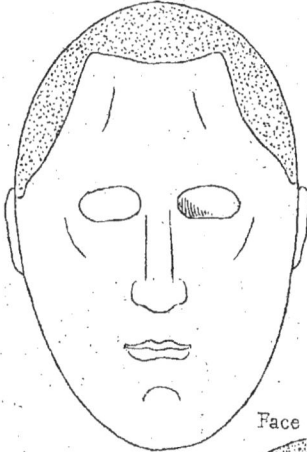

Face Lori

Face Susiene

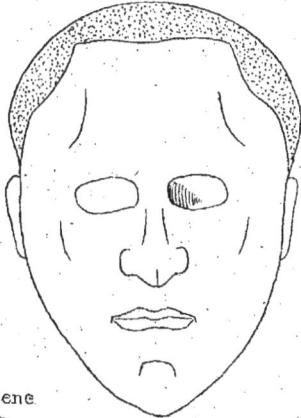

Face Bakhtyari.

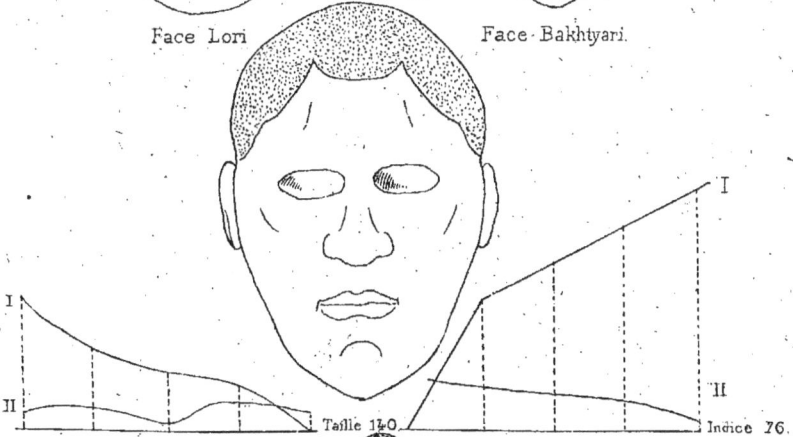

Susiens Perses

I — Courbe des Tailles.
II — Courbe des Indices.

Susiens Négritos

I — Courbe des Tailles.
II — Courbe des Indices.

Taille 140

Indice 76.

Imp. A. Roux, Lyon.

Mer Caspienne

TURCOMANS

Tabris

Recht

Kasbin

KOURDES

HADJEMIS

Tchéran

Hamadan

Koum

Kachan

TADJIKS

LORIS

SUSIENS ET ARABES

BAKHTYARIS

Ispahan

Dizfoul

Suse

Chouster

Ram Hormuz

Sournock

Yezd

Mohammerah

Persépolis

Chiraz

Kirman

ARABES

Golfe Persique

FARSIS

Bouchyr

SUSIENS, ARABES

HINDOUS

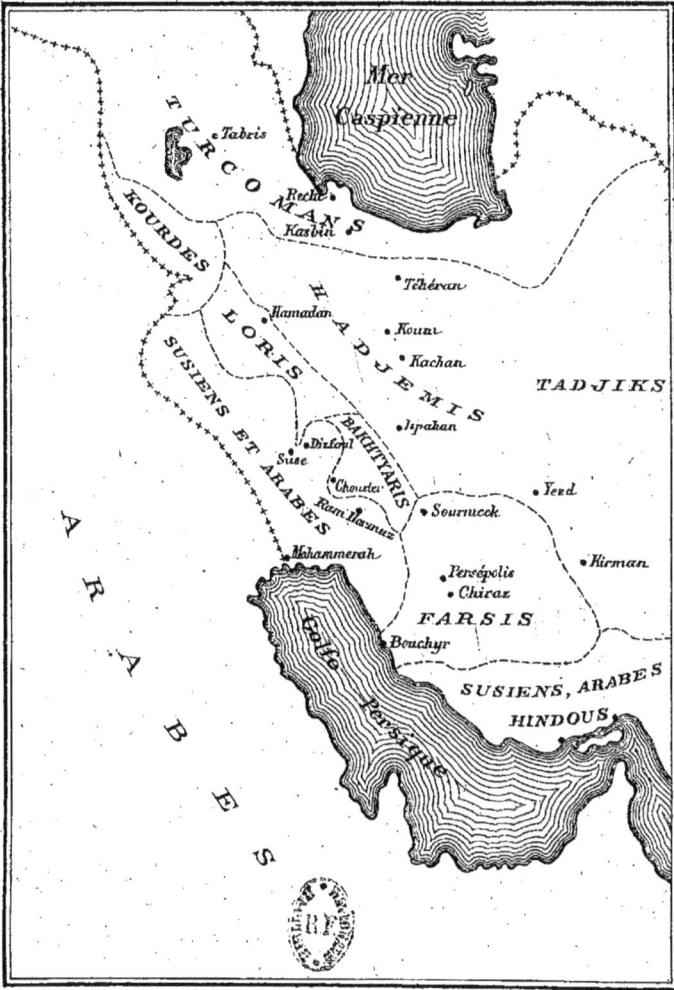

Imp. A. Roux, Lyon

CARTE ETHNOGRAPHIQUE DE LA PERSE

121

www.ingramcontent.com/pod-product-compliance
Lightning Source LLC
Chambersburg PA
CBHW070927280326
41934CB00009B/1776